Le changement sans stress

Dépasser les résistances et la pression

Groupe Eyrolles
Éditions d'Organisation
61, bd Saint-Germain
75240 Paris Cedex 05

www.editions-eyrolles.com
www.editions-organisation.com

Chez le même éditeur :

Jean-Paul Lugan et Philippe Ruquet,
Manager avec courage

Manager au quotidien,
sous la direction de Stéphanie Brouard

ISBN : 978-2-212-54585-2

Jean-Paul Lugan

Le changement sans stress

Dépasser les résistances et la pression

EYROLLES

Éditions d'Organisation

À Christine et Rosine pour leur contribution à ce livre...

DIALOGOS Formation

Dia Logos Formation
12, rue de la fontaine au roi
75011 Paris

Site web : *www.dialogosformation.fr*
E-mail : *infos@dialogosformation.fr*

Sommaire

Partie II
Conduire l'organisation vers le succès : surmonter la résistance et la pression

Partie III
La pression comme source de performance

Introduction

« Nos dirigeants avaient mal préparé cette réorganisation. Le coût humain a été terrible. La direction d'entreprise a changé tous les processus transversaux sans tenir compte de l'avis des salariés concernés. Ça bousculait les habitudes. Les solutions se sont révélées irréalisables, compte tenu des bouleversements engendrés chez les salariés. Ce manque de respect pour ceux qui travaillaient dans l'entreprise depuis très longtemps a conduit à de nombreux départs négociés. Ceux qui sont restés n'avaient plus la motivation suffisante pour porter le projet de changement à son terme. Deux ans plus tard, le site fermait pour insuffisance de résultats. » Le témoignage d'Henri, ancien responsable de production chez un équipementier automobile, montre que le défaut de gestion humaine peut rendre exsangues les organisations, et les amener vers une finalité inverse de celle qu'elles poursuivent.

De trop nombreuses directions d'entreprise sous-estiment l'impact négatif d'une réorganisation et conduisent celle-ci de façon brutale, au mieux de leurs intérêts financiers à court terme ou de leur lubie du moment. Perçu comme la nouvelle norme ou la nouvelle mode, le changement est imposé de façon unilatérale, sans annonce ni préparation, sans ménagement ni management. Les évolutions sont permanentes, et les salariés doivent les suivre sans les comprendre ni les accepter, du moins intellectuellement. Cela va à l'encontre du fonctionnement de l'homme, qui a besoin de comprendre pour changer, car il porte en lui, sans le vouloir, toutes les raisons de résister.

Restructurer de façon partielle ou globale pose problème aux directions d'entreprise, car cela génère de nombreux effets indésirables : perte du sentiment d'utilité et démobilisation des collaborateurs, baisse du sentiment d'appartenance à l'entreprise et aux équipes, de l'engagement et de la performance, érosion de la légitimité managériale et apparition de difficultés pour animer les équipes en proie au doute. Des effets que l'entreprise semble peu disposée à anticiper, à accompagner, et qui, au final, quand elle déploie des moyens, vont à l'encontre des objectifs initiaux.

Les facteurs explicatifs des échecs lors des réingénieries sont multiples. Comme en témoignent les nombreuses analyses, l'absence de compétence et le défaut de motivation à vouloir gérer le facteur humain sont les principales causes d'échecs organisationnels. Quand ces deux facteurs sont combinés lors d'un changement, ils ont obligatoirement des conséquences funestes pour l'entreprise.

Les effets seront d'autant plus négatifs si, dans ces périodes de changement où les pressions internes et externes sont fortes, les managers gèrent mal leur stress et le transmettent aux équipes avec un mode de communication très culpabilisant. *«Estimez-vous heureux que l'entreprise vous ait gardé.»* C'est par ce message qu'un manager débuta sa première réunion, suite à une restructuration. Cette phrase avait pour objectif apparent de rappeler à certains qu'ils avaient eu de la chance d'être conservés. En fait, il n'en était rien, car le recours au sentiment de culpabilité afin de gérer plus facilement les collaborateurs est une pratique managériale courante dans notre culture judéo-chrétienne. Outre les conséquences sur les plans économique et financier, ce sont les effets émotionnels qui vont être indubitablement difficiles à récupérer.

Il en va ainsi de bon nombre de réorganisations qui sont très anxiogènes et facilitent certains suicides, comme ce fut le cas encore récemment chez France Télécom, Renault, etc. Didier Lombard, P-DG de France Télécom, soulignait au cours d'un conseil d'administration que *«le management est sous une pression émotionnelle exceptionnelle*[1]», ce qui, selon lui, a entraîné une vague de morts volontaires, 23 en un an et demi. Les cadres doivent arriver à *«se libérer de ce stress»* pour ne pas accentuer celui ressenti par leurs collaborateurs.

Cette incapacité à réguler le stress facilite l'apparition d'un symptôme communément appelé le «syndrome du rescapé». Ce symptôme post-traumatique apparaît quand le survivant d'une guerre, d'un génocide, d'une prise d'otages, d'un accident d'avion... est envahi par un sentiment de culpabilité qui le conduit à s'en vouloir d'être vivant ou libre, parce que ses collègues sont morts ou enfermés.

1. Lors du conseil d'administration exceptionnel du 15 septembre 2009.

Imaginez ce que peut ressentir Bahia Bakari, seule rescapée du crash de l'Airbus A 310 de la compagnie Yemenia à destination de Madagascar le 6 juillet 2009.

Il en est de même pour un salarié qui, après s'être battu jusqu'au bout et avoir réussi à sauver son emploi, son poste, son bureau, ressent comme une faute, une erreur ou une honte le privilège de s'en être sorti. Même si l'intensité émotionnelle est à un degré moindre de celle que peut éprouver un individu victime d'une guerre ou d'un attentat, sa puissance reste suffisante pour limiter ses performances. De nombreuses études ont démontré que, quels que soient le type et l'ampleur d'une restructuration, il existe peu de salariés qui ne soient pas victimes de ce syndrome.

Comme d'autres consultants, j'ai rencontré à de nombreuses reprises ces mêmes symptômes lors des réorganisations, établi ces mêmes constats avec les directions d'entreprise, à tel point que l'écriture de ce livre est devenue une évidence pour moi. Il m'est apparu important de partager mon expérience et mes outils afin de donner au top management des solutions pour réussir là où d'autres ont échoué.

Pour ces raisons, j'ai bâti ce livre de telle sorte que vous puissiez comprendre ce qui va se jouer dans cette période de transition au niveau des relations humaines, et agir au mieux des intérêts de l'entreprise et des hommes.

Dans une première partie, j'aborderai les raisons qui, propres à l'homme ou à l'encadrement, ralentissent le changement, voire le conduisent à l'échec. Ces explications, à défaut de rendre acceptable le refus de changer, devraient le rendre compréhensible, de façon à ce que les personnes en charge de la conduite des mutations puissent être efficaces dans leurs interventions. Je ferai ensuite l'inventaire des effets et des conséquences graves, causés par la conduite de ces mutations sur les hommes et les organisations.

Dans une deuxième partie, j'exposerai les méthodes et les outils managériaux utiles pour animer les équipes dans des contextes difficiles.

Enfin, dans une troisième et dernière partie, je traiterai des facteurs clés de succès dans la conduite du changement et la gestion de la pression. Je répondrai à cette question fondamentale : comment les managers peuvent-ils gérer au mieux la pression au sein des équipes dans ces périodes de tension qui rendent le quotidien des salariés difficile à vivre ?

L'objectif de ce livre, triple, est de vous permettre :

- de comprendre l'impact négatif et les traumatismes liés à une restructuration;
- d'anticiper et de communiquer utilement pour manager au plus près les besoins de l'entreprise et des équipes d'hommes en situation difficile;
- de savoir gérer la pression de telle sorte qu'elle soit perçue comme positive, et de nature à mener efficacement une réorganisation à son terme.

Partie I

Du désir de changer au risque de tout perdre : ce qui fait basculer l'organisation dans l'échec

«Le seul, le vrai, l'unique voyage, c'est de changer de regard.»

Marcel Proust

S'il est une chose dont il faut se rendre compte et qu'il faut accepter en l'an 2010, c'est que le changement est permanent. Conscient ou inconscient, voulu ou imposé par des événements extérieurs, le changement est le résultat du cycle de vie propre à chaque organisme vivant. Contrairement à ce que pense une majorité de personnes, dont l'expression favorite est : « Je n'ai pas changé, je suis toujours le même », et qui ne dupent qu'elles-mêmes, nous nous transformons avec le temps. Le poids des ans rend de plus en plus difficile, par exemple, l'exercice d'un certain nombre d'activités physiques ou intellectuelles. Cela nécessite de s'adapter, de modifier certains comportements ou certaines façons de voir le monde pour « tenir » une situation qui, autrement, tournerait de plus en plus souvent à notre désavantage au fil du temps.

Ces évolutions, subies ou voulues, peuvent être profitables aux organisations et aux hommes, à condition qu'elles soient accompagnées de façon efficace. Car les organisations comme les hommes portent en eux un certain nombre de contradictions qui, si elles ne sont pas résolues, iront à l'encontre de la finalité recherchée. Les entreprises comme les individus possèdent de manière antagonique à la fois toutes les ressources et tous les freins pour mettre en échec ce qu'ils désirent. C'est donc dans la façon de gérer ces ressources et ces freins que se trouve une des clés du succès pour un changement réussi. Dès lors, les managers doivent savoir accepter et gérer les résistances, car ces dernières jouent un rôle primordial dans la réussite du cycle de transformation. Toutefois, la plupart des directions ou des managers considèrent que résister est un non-sens, une déperdition d'énergie, un obstacle inutile qui fait perdre beaucoup d'argent et de temps. Ils mésestiment par conséquent les résistances, au lieu de les intégrer. La réalité est tout autre car ce ne sont pas tant les défenses qui posent problème que leur rejet par les directions d'entreprise. Combattues, elles se durcissent et deviennent le facteur essentiel d'échec, avec ce que cela peut induire de conséquences lourdes pour l'organisation et les hommes.

La question qui se pose est de savoir pourquoi il est normal de résister au changement, alors que celui-ci semble être vital. Je tenterai, dans un premier temps, de vous présenter les raisons qui expliquent le caractère normal et naturel des résistances dans tout processus de changement. Dans un deuxième temps, j'apporterai un éclairage sur les agissements malheureux des directions d'entreprise, qui sont un frein aux mutations. Enfin, dans un troisième temps, j'aborderai les conséquences de la mauvaise conduite des restructurations, et plus précisément celles que les comités de direction exposent le moins possible pour des raisons d'ego, mais qui ont le plus d'impact au sein d'une organisation.

Chapitre 1

Pourquoi il est normal de résister au changement : le salarié

- Les gènes des résistances : trois cerveaux pour s'opposer
- Les résistances : un passage obligé vers l'engagement
- Les motivations individuelles « non » satisfaites

Les définitions du dictionnaire *Encarta* apportent un éclairage riche et contrasté sur la notion de «résistance». La première des interprétations présente la résistance à la fois comme un objectif et une capacité pour ne pas disparaître ou s'abîmer. Celle-ci est définie comme *«l'aptitude (de quelque chose) à ne pas se détruire ou s'altérer sous l'effet d'un élément»*. En s'opposant à une demande de changement, un individu cherche à survivre, c'est-à-dire, *a minima*, à ne pas disparaître, à se maintenir si possible en l'état. Comme le décrivait jadis Maslow[1], les premiers besoins que cherche à satisfaire tout individu concourent à protéger sa santé physique et mentale.

Il y a derrière cette définition une notion existentielle, voire identitaire : ne pas se perdre. *«La direction, en nous imposant ses choix sans même nous consulter, niait complètement notre expertise et, par là même, ce que nous étions. Accepter ses décisions, c'était se perdre et nier notre travail»*, témoignait Jacques lors d'un entretien informel. Le salarié vise, en s'opposant aux changements, à conserver son identité ainsi que l'homéostasie[2] du système dans lequel il agit. Une identité qu'il a construite avec le temps, et qui lui permet d'être identifié et reconnu, par lui-même d'abord, par ses pairs et sa hiérarchie ensuite.

Cependant, l'aspect identitaire n'est pas le seul objectif poursuivi par l'individu dans sa lutte face aux évolutions proposées par l'entreprise qui l'emploie. Il recherche aussi à s'économiser. À l'aise à l'intérieur d'une zone dite «de confort», il a réussi au fil du temps à atteindre ce qu'il estime être son niveau d'efficience, autrement dit un degré de performance suffisant pour un minimum d'efforts consacrés sur les plans psychologique, intellectuel et physique. *«C'est comme si tu construisais une maison avec tout le confort dont tu as besoin pour t'y sentir bien et que, chaque année, la direction te demandait de la détruire pour en reconstruire une autre»*,

1. Psychologue américain, auteur de la théorie des besoins.
2. L'homéostasie est la capacité d'un individu à conserver son «équilibre de fonctionnement» en dépit des contraintes qui lui sont extérieures.

commentait Joris, suite à une demande de délocalisation du site de fabrication d'accessoires pour l'automobile dans le Gers.

Si le salarié peut accepter une évolution, celle-ci doit néanmoins se situer à l'intérieur de cette zone de confort. Comme Joris le dira un peu plus tard : *« Je veux bien accepter de changer le papier peint de la chambre, mais pas de raser la maison. »* Si, à l'inverse, il est conduit de force à l'extérieur de cette zone de confort, il va déployer toute une gamme de stratégies défensives afin de lutter contre ce qui pourrait modifier cet équilibre intérieur.

La seconde définition apporte un éclairage sur la propension de tout individu à s'opposer au changement à travers les résistances qu'il porte en lui et qu'il va tenter de dominer ou, au contraire, de faire vivre. La mobilisation de ces défenses dépendra de l'intérêt qu'il trouve au cœur de la situation qu'on le convie à éprouver. Les résistances sont définies comme une *« aptitude à supporter une épreuve physique ou morale »*. Cette définition peut être comprise de deux façons.

La première interprétation est qu'un individu a la capacité de résister à ses propres attitudes défensives pour affronter une réalité qui s'impose à lui ou qu'il choisit. Il s'agit pour lui d'accepter de sortir de sa zone de confort pour atteindre la cible visée. *« En reprenant mes études, je savais que cela serait difficile. Cette épreuve était un excellent moyen de tester mon désir de changer de vie et de savoir si j'en étais capable »*, témoignait Hervé, à la veille de passer l'examen final d'un DESS de gestion des entreprises. Il ne faut pas se laisser aller à ses peurs mais les affronter, s'opposer à soi et « se gagner ». Dans ces cas-là, la raison l'emporte sur la peur de ne pas être à la hauteur. C'est une façon inconfortable de prendre des risques pour s'élargir, s'agrandir, se développer sur les plans professionnel et personnel.

La seconde interprétation me conduit à penser la résistance comme la capacité d'un individu de convoquer et faire vivre dans le temps les ressources nécessaires pour s'opposer aux mutations qu'on lui propose. Tout individu a, en lui, des forces d'opposition qui s'exprimeront ou resteront silencieuses pour lui permettre de résister aux autres, quels qu'en soient les motifs. C'est dans l'adversité que l'homme s'éprouve, se construit et conquiert l'estime qu'il a de lui. En ce sens, résister, c'est s'opposer aux autres mais aussi à soi pour exister dans un monde où avoir une place devient de plus en plus difficile.

Pour autant, au-delà de ces définitions qui justifient à elles seules l'existence de résistances, dans quelle mesure est-il normal de s'opposer à un changement qui semble par ailleurs vital pour l'entreprise et les hommes qui la composent ?

LES GÈNES DES RÉSISTANCES : TROIS CERVEAUX POUR S'OPPOSER

Bien qu'un individu puisse paraître être constitué d'un seul tenant, il est en réalité le résultat de trois éléments indissociables et complémentaires que sont la tête, le cœur et le corps. La tête pour penser, le cœur pour ressentir et le corps pour agir.

Pour gérer ces dimensions, l'être humain dispose d'une instance de décision composée de trois cerveaux : le reptilien ou « cerveau animal », le limbique ou « cerveau émotionnel », et le néocortex ou « cerveau rationnel » – chacun ayant une fonction essentielle et gérant une dimension précise.

UN CERVEAU POUR SE PROTÉGER

Le cerveau reptilien a pour mission de nous protéger. Il gère les fonctions organiques, vitales à la survie de notre corps telles que respirer, boire, manger, etc. Il régule le CORPS au mieux de sa constitution physiologique et de son aspect externe (esthétique), sans pour autant toujours y arriver. *« Sa présence à mes côtés m'insupportait. Cela était sûrement dû à sa façon directe de vous regarder droit dans les yeux d'un air dominant et de vous faire penser qu'à la première erreur vous y passeriez. Je ne me sentais pas en sécurité et dans l'incapacité de mettre en place les nouveaux schémas organisationnels. Je faisais tout pour l'éviter »*, assure Sylvie à propos de son manager.

UN CERVEAU POUR GÉRER LES ÉMOTIONS

Le deuxième cerveau, le limbique, est en charge de gérer nos émotions. Il traite notre affectivité, avec ce qu'elle comporte d'émotions et de sentiments. Selon le type de personnalité, le limbique cherchera à se procurer les affects nécessaires à son plaisir ou à les éviter. *« Je n'ai jamais aimé changer, et chaque fois qu'un poste m'était proposé, je le refusais. J'avais du plaisir à faire ce travail et il me rendait heureuse»*, explique Rose, assistante commerciale, dans une interview sur la gestion des carrières. Et d'ajouter : *«Accepter un autre poste me faisait peur, car cela signifiait que j'aurais à prendre des risques et je ne le voulais pas.»* Le limbique constitue notre mémoire affective, au fil des souvenirs heureux ou malheureux qu'il choisit de retenir. Il guide le CŒUR.

Un cerveau pour réfléchir

Enfin, le néocortex nous permet d'analyser, d'évaluer, de tempérer les affres du cerveau émotionnel en apportant un éclairage rationnel, plus froid et plus distant vis-à-vis de la situation qui est vécue. *«J'ai dû plusieurs fois surmonter mes peurs pour faire face aux mutations que l'on m'imposait. Je savais que c'était en prenant du recul sur ce qui m'était demandé que j'allais dépasser mes appréhensions, et cela marchait. En tout cas pour moi»*, mentionna Hervé au cours d'un entretien de recrutement qu'il passait pour un poste de cadre technique au sein d'une compagnie d'assurances. Le néocortex permet le langage et construit notre mémoire rationnelle à partir d'informations, d'opinions et de croyances qu'il accumule. Il gouverne la TÊTE.

Les trois cerveaux, facteurs de résistance

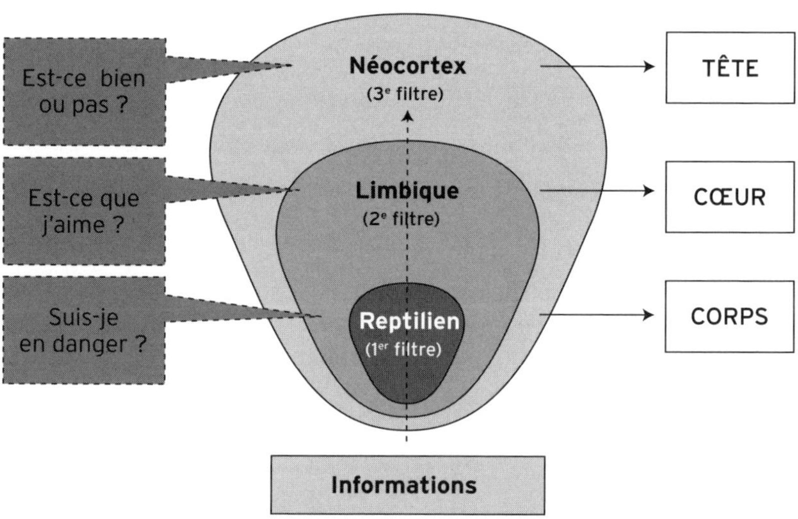

Il est aisé de deviner que les multiples dimensions de l'homme et son fonctionnement neurologique portent en eux naturellement les freins au changement. Vous comprendrez encore mieux, à la lecture des quelques lignes qui suivent, que ces trois instances que sont la TÊTE, le CŒUR et le CORPS peuvent choisir de s'opposer au changement ou, au contraire, de le faciliter, selon qu'elles le trouvent confortable, agréable et pertinent.

Toute demande de changement exprimée par l'encadrement passe d'abord par la « perception » que va en avoir le cerveau reptilien. Il est le premier filtre et se pose immédiatement la question du danger potentiel que fait peser cette demande sur l'intégrité et le confort physique dont a besoin le corps. *« Suis-je en danger si je change ? », « Cela va-t-il me demander des efforts supplémentaires ? », etc.* Quels que soient les bénéfices que peut retirer l'individu du changement proposé, le cerveau reptilien s'y oppose d'emblée, cherchant à satisfaire les besoins de sécurité physique, mentale et affective. *« Ça fait quinze ans que je fais comme cela. Ce n'est pas aujourd'hui que je vais changer. Je n'ai ni l'âge ni les moyens physiques ou intellectuels pour le faire... »* Ce genre de réflexion, fréquente, traduit la préoccupation centrée sur la défense du corps, celle qui a conduit Jacques au licenciement dans cette usine textile en proie aux difficultés financières et qui devait impérativement se restructurer pour assurer son devenir.

En choisissant de continuer à mobiliser des compétences parfaitement maîtrisées, mais devenues obsolètes pour l'entreprise, au détriment de ce qui aurait pu le rendre plus performant et employable, Jacques a perdu son poste. Ses vieilles compétences devenues « réflexes » l'ont desservi. Sans emploi depuis, Jacques nous dit au cours d'une réunion consacrée au reclassement des salariés : *« J'aurais dû essayer. »* La réponse donnée par le cerveau reptilien qui parle et qui dit « non » n'est pas toujours opportune au regard de l'intérêt de la personne.

Si le cerveau reptilien ne perçoit pas de danger potentiel, la demande de changement va poursuivre son chemin, monter un étage et être traitée par le cerveau émotionnel appelé « limbique ». Il va « sentir » la demande et s'interroger : *« Est-ce que j'aime ou non ce qui m'est proposé ? »* L'objectif du limbique est de gérer au mieux l'environnement de façon à y associer les émotions de plaisir, recherchées par le cœur pour son plus grand confort affectif. À cette fin, il est donc attiré par ce qui lui procure du plaisir, ce qui le rassure, le valorise, et non par ce qu'il ressent comme un danger ou une prise de risque. *« La nouvelle organisation m'éloignait tellement de ce qui me plaisait et me motivait tous les matins que j'ai préféré être licencié. Je n'ai même pas cherché à rester, car le changement s'imposait»*, ajoutait Jacques pour justifier l'acceptation de son départ de l'usine.

Comme pour Jacques, la demande d'information peut finir son voyage à l'étage du limbique, si elle est perçue comme non conforme aux objectifs poursuivis par le cerveau émotionnel. À l'inverse, si la demande de changement est appréciée comme plaisante et a obtenu «la permission» du cœur, elle peut poursuivre son chemin et être soumise à l'analyse du cerveau «rationnel», le néocortex. Après la sécurité (corps) et le plaisir (cœur) associés aux deux cerveaux précédents, le rôle du néocortex est maintenant de traiter les informations avec lucidité. Les interrogations qui surgissent à ce niveau sont : *«Est-ce bien/bon/pertinent/moral pour moi de changer?»* L'objectif du néocortex est de permettre à l'individu de faciliter sa réflexion à travers le traitement efficace de l'information et cela, dans le but de parvenir à une prise de décision. *«Le poste proposé par ma direction me plaisait, mais j'ai dû le refuser car il m'éloignait de ma famille. J'avais des devoirs de père et rien d'autre n'avait plus de prix à mes yeux»*, témoigne Patrick, responsable logistique au sein d'un groupe de transport.

Toute transformation proposée à un individu remet en question l'équilibre intérieur qu'il s'est construit au fil du temps. Pour cette raison, il n'éprouve aucunement le besoin de changer de comportements (CORPS) parce que l'acquisition de ceux-ci lui ferait prendre des risques dont la «récompense» la plus probable serait de ressentir de la difficulté (CŒUR) et/ou de recevoir des critiques (TÊTE). En outre, alors que le CŒUR donne de l'énergie au travail, la TÊTE en dépense. Pour cette raison et dans un souci d'économie, ne pas réfléchir et ne pas changer est d'un confort absolu. C'est donc du dialogue entre ces trois cerveaux et de l'interaction avec les responsables hiérarchiques et l'environnement familial que vont surgir trois réponses possibles : l'adhésion au changement, le rejet de celui-ci, ou l'hésitation avec ce qu'elle génère de conflits intérieurs.

Ainsi, la constitution neurologique de l'individu est un frein au changement. Sommés de faire un choix entre un présent confortable et un futur en construction pour l'instant pénible à envisager, coûteux en énergie et comportant des menaces, les salariés sont généralement enclins à conserver le modèle organisationnel ancien.

Pour autant, l'individu peut réussir le changement et exprimer le meilleur de lui-même, à condition qu'il sache organiser un dialogue lucide et constructif entre les instances représentées respectivement par sa tête, son cœur et son corps.

Cela n'occulte pas le fait que ces résistances, si naturellement humaines, puissent être exacerbées par la manière dont le top et le *middle management* gèrent ces trois instances avant, pendant et après toute restructuration. Selon que leurs attitudes et leurs comportements sont en adéquation ou pas avec les besoins des salariés, les résistances seront, au final, fortes ou faibles. De ce fait, il y a une responsabilité partagée quant à la réussite du changement entre les employés et ceux qui sont en charge du management stratégique et opérationnel. Les échanges que j'ai avec certaines directions me laissent à penser qu'il y a encore un long chemin à parcourir pour qu'elles reconnaissent leur implication dans les échecs et agissent en tenant compte de celle-ci.

LES RÉSISTANCES : UN PASSAGE OBLIGÉ VERS L'ENGAGEMENT

L'ensemble des observations réalisées par des chercheurs ou des consultants permet de constater l'existence de quatre grandes étapes à franchir pour intégrer un changement, désiré ou subi : le refus, la résistance, l'exploration et l'engagement (cf. schéma ci-après). Le passage d'une phase à l'autre et le temps que cela nécessite diffèrent selon la personnalité des individus, leur histoire de vie au regard des changements, et les opportunités qu'ils perçoivent ou sentent possibles dès lors qu'ils consentent à se métamorphoser. Certains seront toute leur vie dans le refus d'une évolution, là où d'autres s'y seront engagés depuis longtemps. La première compétence d'un manager est d'intégrer le fait que le passage conscient ou inconscient par ces quatre étapes est inévitable.

Les différentes étapes de la mise en œuvre d'un changement

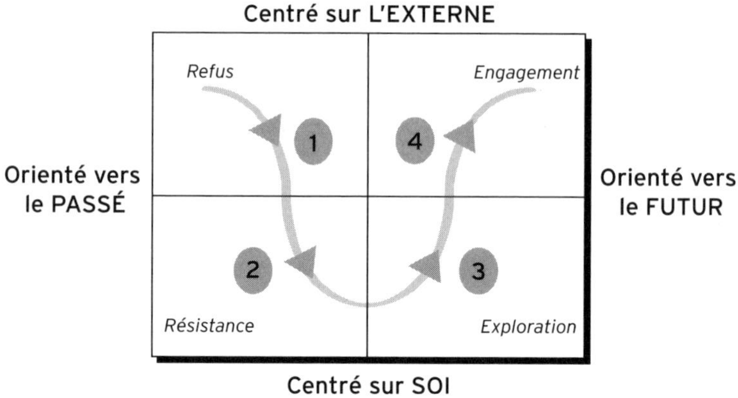

Or, il est courant que l'ensemble de l'encadrement ne respecte pas la réalisation de ce cycle naturel et crée ou accentue les difficultés à mener à terme un projet de changement. *« Dans notre entreprise, le P-DG avait horreur qu'on lui résiste parce qu'il était le patron. Chaque fois qu'un salarié tentait de s'opposer à un projet, alors même qu'il avait toutes les raisons de le faire, il était remercié. Cela avait toujours pour effet de générer des grèves et de mettre l'entreprise en difficulté »*, explique Joël, responsable des ressources humaines. En niant et en condamnant les résistances des collaborateurs, les managers accentuent celles-ci et leur donnent encore plus de raisons d'exister. Cela n'est plus seulement une affaire de fond, mais de forme. Comme le soufflait Daniel à l'oreille d'un de nos consultants : *« C'était une affaire d'honneur. Non seulement les transformations proposées n'étaient pas satisfaisantes, mais en plus nous n'avions pas le droit de le dire. Les réunions de service étaient suspendues afin que nous ne puissions pas nous exprimer. »* Combattre les résistances conduit inévitablement à l'échec, car les salariés feront, tôt ou tard, payer à l'entreprise leur reddition au projet.

Le changement, pour qu'il soit sain et porte les fruits escomptés, doit passer par une phase incontournable : celle de l'expression de résistances. Si on les accepte et les accompagne, elles deviennent alors constructives à double titre. Elles peuvent, d'une part, enrichir les évolutions proposées en apportant aux pilotes du projet une vision qu'ils n'avaient pas, voire des solutions complémentaires enrichissant celle-ci. Les résistances sont, d'autre part, une façon d'alimenter le besoin de sens des travailleurs et de favoriser par la suite leur engagement.

Comme dans beaucoup d'activités à accomplir, il y a un découpage en séquences obligatoire qui impose de passer successivement par toutes les phases. Pour comprendre ce qui se joue au cœur des mutations, reprenons les choses par le début. À l'annonce d'un projet d'évolution de la société, la grande majorité des salariés, dans un réflexe naturel, pose le refus comme point de départ de la relation. Ce refus est une façon de temporiser, de gagner du temps pour comprendre, intégrer ce qui est proposé et trouver du sens à quelque chose qui n'en a peut-être pas. *« Les changements sont multiples dans notre entreprise. Chaque fois, nos cadres nous disent quoi changer, et non pourquoi il faut changer. Faute de ne pas saisir l'objectif poursuivi, je ne m'implique pas dans les modifications et je les évite tant que je peux »*, se plaint Évelyne, cadre juridique dans une entreprise d'assurances. Et d'ajouter : *« Il s'agit pour moi de sauvegarder ma sécurité avant même de m'engager. »* Le refus est une arme pour stopper ou ralentir l'action, et tester la conviction des directions d'entreprise et de l'encadrement dans la conduite des transformations. Cette opposition instinctive est un moyen de rattraper le coup et de préparer, si cela devient inéluctable par la suite, la négociation de cette demande et le prix à payer pour prendre le risque de changer. Au-delà de la simple négociation des enjeux professionnels, le refus est aussi une façon de retrouver de l'estime de soi dans une relation soumise à un cadre peu permissif et qui laisse peu de place à l'individu pour exister.

La contestation s'exprime de façon différente selon les individus, et peut se traduire par du déni, de l'évitement ou encore une opposition ouverte dont l'expression consacrée est *« non »*.

La phase de déni ou de refus : le maintien du *statu quo*

> En 1985, la direction commerciale d'un laboratoire pharmaceutique français demande à ses commerciaux d'abandonner l'utilisation des fiches cartonnées servant à gérer la base de données clients au profit d'un logiciel. Elle se heurte à un refus quasi unanime. Bien que dotés d'un ordinateur portable équipé du logiciel de gestion, les commerciaux continuent à gérer les informations clients selon l'ancien système. *« Il est hors de question de tenir compte des nouvelles directives »*, annoncent-ils. En agissant ainsi, ils maintiennent le système en l'état.

Passé cette première phase du refus systématique, et dans l'hypothèse où le changement proposé est correctement porté par la direction d'entreprise et l'encadrement intermédiaire, les salariés n'ont plus pour seule issue que le passage obligatoire à la deuxième étape du processus d'intégration du changement : la résistance.

La phase de résistance : de l'inertie à l'action

C'est une phase où l'absence laisse place à l'affrontement direct ou indirect, avec l'émergence de trois catégories de résistants : les opposants silencieux, les opposants exprimés et les opposants négociateurs. Les objectifs de cette résistance organisée sont au nombre de deux : faire échouer le changement et revenir à l'ancien système, ou négocier le prix à payer pour changer. Dans cette phase, une lutte de pouvoir s'engage entre les différents protagonistes au cœur du projet de transformation. Chacun va défendre sa légitimité, son identité et sa position vis-à-vis de cette transformation imposée. Tandis que les pilotes du projet tenteront de conduire le changement à moindre coût, ceux qui le subissent voudront obtenir réparation sous forme de compensation. *« Il était hors de question de sortir de l'entreprise en étant payé au rabais. Nous avons tout donné à cette entreprise depuis fort longtemps. Il faudra bien qu'elle nous le rende d'une façon ou d'une autre »*, nous confie Jacques, opérateur de ligne dans une société de fabrication de produits chimiques.

Pour exprimer ce désaccord, il y a différentes formes de résistance, qui vont dépendre des types de personnalité des destinataires du changement, de la légitimité des transformations proposées, que ces dernières aient déjà été engagées ou pas.

Avant et pendant le changement, il est courant de voir se mobiliser quatre formes d'opposition :

- se murer dans le silence, ne pas tenir compte des transformations proposées ;
- demander d'ajourner le changement ;
- entrer dans une opposition ouverte et agressive (grève, sabotage...) ;
- faire la preuve que le changement ne pourra pas avoir lieu.

> Les dernières restructurations ont montré que le degré de violence ne cesse d'augmenter, comme ce fut le cas en 2009 dans l'entreprise Molex. Les ouvriers, poussés au désespoir, ont séquestré leurs dirigeants durant quatre jours.

Par la suite, quand les transformations sont mises en place, les salariés ont généralement recours à d'autres formes de résistance. Elles sont au nombre de quatre :

- ralentir le travail;
- suivre les instructions à la lettre;
- refuser l'apprentissage;
- s'absenter (turnover, absentéisme chronique, etc.).

> Pour illustrer mon propos, reprenons l'exemple du laboratoire pharmaceutique. Quelque temps plus tard, la direction du laboratoire constate que les commerciaux continuent à gérer les clients selon l'ancienne méthode. Relayée par l'encadrement intermédiaire, elle les rappelle à leurs obligations de respect des nouvelles procédures. Peu convaincus par le discours de la direction, les salariés s'organisent pour résister. Les scénarii employés pour s'opposer au changement sont divers : ralentissement du nombre de visites des clients pour cause de saisie informatique, absentéisme lors de la formation au logiciel clients au motif de rendez-vous devenus subitement très « urgents », reproches faits au programme de ne pas permettre de saisir toutes les données clients comme le facilitent les fiches cartonnées, et maintien du double système.
>
> En luttant avec plus ou moins de vigueur contre le changement, les salariés tentent de conserver l'ancien système. En vain, car la direction, convaincue de l'opportunité du projet, reste ferme et gère de la meilleure façon qui soit cette transformation nécessaire des comportements.

La phase d'exploration : un pas vers le futur

Le passage de la phase de résistance à la phase d'exploration dépend de deux éléments importants : d'une part, de la capacité de l'encadrement à gérer le changement et, d'autre part, du résultat de la réflexion du salarié à propos de celui-ci.

À ce stade du processus, les salariés ont une attitude plus positive vis-à-vis du projet de changement. Les destinataires des évolutions se prêtent au jeu progressivement et mettent en œuvre ce qui est demandé. L'adhésion n'est pas encore acquise, car ils sont en apprentissage et n'ont pas encore totalement éprouvé avec leur corps les bienfaits du changement. Ils agissent avec maladresse, mais ils font. Ils explorent les nouvelles méthodes, les nouveaux moyens, la relation aux nouveaux collègues, avec plus de volonté.

Engagés dans cette phase, ils ne sont plus dans l'opposition systématique. Cependant, habités par le doute et la peur, ils sont toujours hésitants. Un « rien » peut tout faire basculer, d'un côté comme de l'autre. Le pire serait qu'ils reviennent en arrière dans une posture d'opposition généralement plus confortable pour eux, et pénible pour le manager. Il est évident que quand le présent est peu satisfaisant, les salariés sont conduits à penser au passé et à l'encenser.

> Durant quelques semaines, le responsable du service commercial du laboratoire pharmaceutique laisse s'exprimer les oppositions. Ayant bien accompagné la phase de « résistance », il permet plus facilement le passage de la presque totalité des commerciaux à l'étape suivante : l'exploration du changement. Seuls quelques-uns, plus difficiles à manœuvrer, sont encore dans le passé.

Pendant cette période, le besoin de soutien des collaborateurs est important pour faire face aux doutes et favoriser un meilleur engagement. Le manager, toujours aussi proche des membres de son équipe, est très présent pour limiter les peurs, les difficultés et les échecs. Il ne cesse de les réconforter et leur donne le supplément d'énergie nécessaire pour aller plus loin.

> Au cours de cette phase, la moindre hésitation du manager, quant à l'intérêt de la démarche ou de l'outil informatique, aurait sûrement fait basculer certains commerciaux dans le passé. En se préoccupant des états d'âme de chacun, en valorisant leurs efforts et pas seulement les résultats obtenus, en gérant l'incertitude, en reconnaissant leurs difficultés et en leur accordant le droit à l'erreur, les dirigeants comme le manager ont amené la quasi-totalité des commerciaux à passer à la phase d'engagement.

La phase d'engagement : un retour en arrière impossible

> Avec le temps, l'ensemble des fichiers clients est enregistré sur l'outil informatique. Au travail d'accompagnement managérial s'ajoute la connaissance de plus en plus grande des fonctionnalités du logiciel et des opportunités qu'il offre, ce qui conforte les commerciaux quant au bien-fondé de la démarche. Le temps de saisie des informations clients ayant diminué, du fait d'une plus grande maîtrise du logiciel, la découverte des potentialités de ce dernier permet à chacun d'analyser son activité et d'optimiser la gestion des clients.
>
> Six mois plus tard, l'enquête de satisfaction fera apparaître que 95 % des commerciaux sont très satisfaits du logiciel de gestion des clients, et qu'un retour à l'ancien système est inconcevable.

Les différentes périodes par lesquelles un salarié passe lors d'un changement

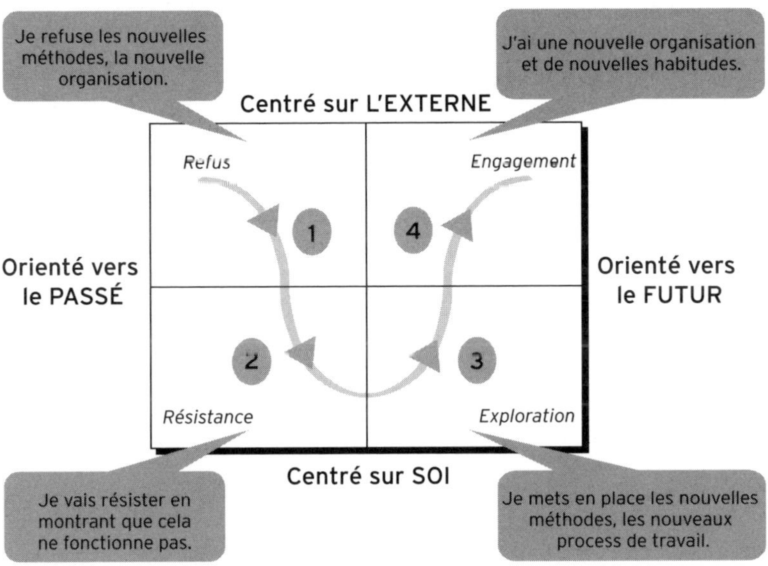

Pour gérer au mieux le changement et limiter les effets négatifs, de telle sorte que cela soit tolérable pour l'entreprise des hommes, il est essentiel de comprendre et d'intégrer que chaque individu passe par ces différentes phases. L'acceptation de ce processus dans toutes ses composantes permettra de tirer le meilleur profit du changement proposé. Les résistances (phase 2) comme les incertitudes (phase 3) deviennent alors une source et une ressource pour le projet de changement, et non un obstacle.

LES MOTIVATIONS INDIVIDUELLES « NON » SATISFAITES

Pourquoi changer ? Il y a dans cette question la réponse à ce qui peut être un autre frein au changement et qui définit la motivation d'un individu à accepter les transformations proposées. Selon la réponse qu'il formule, le salarié est plus ou moins enclin à changer. En effet, qui peut naturellement accepter de voir son organisation bouleversée, avec tout ce que cela comporte d'efforts à accomplir, de risques à prendre, d'appauvrissement du contenu du travail, sans résister à la nouveauté que l'entreprise propose ?

Pour comprendre le concept de la motivation au travail et ses composantes, j'exposerai cette notion à travers la théorie EIV développée par Robert Francès.

La motivation est présentée comme une force résultant du dialogue et de la dynamique qui existent entre trois variables : l'expectation, l'instrumentalité et la valence.

- La première variable, l'expectation, correspond à la relation perçue entre l'effort déployé et la performance accomplie. Elle est évaluée en répondant plus ou moins positivement à la question : *« Vais-je parvenir à en faire plus (ou pourrai-je faire mieux) si je fais davantage d'efforts ? »* Cela revient à se demander si l'effort est payant en termes de performance. Comme le souligne Eric Bittar : *« L'estimation de l'expectation repose sur la confiance que l'on a en ses propres capacités (confiance en soi), mais aussi sur des facteurs externes d'ordre personnel (supérieur hiérarchique trop critique, décourageant) ou d'ordre technique (travail très bureaucratisé où l'effort est stérile)*[1]. »

1. Eric Bittar, Wed Feb 7, MET, 1996.

> Si l'individu n'est pas intimement convaincu du caractère positif du changement, sa motivation sera faible. *« Quand la nouvelle machine est arrivée au sein de l'atelier, j'ai vite compris qu'elle nous ferait perdre plus de temps qu'elle ne pourrait nous en faire gagner. Pour cette raison, je suis resté à distance du projet »*, se souvient Ange, contrôleur de chaîne dans une usine de fabrication de produits d'hygiène.

- La deuxième variable, l'instrumentalité, correspond à la relation entre l'attente du salarié et la performance individuelle à réaliser dans le cadre du changement proposé. La question est ici beaucoup plus personnelle et concerne exclusivement le salarié qui se demande s'il peut satisfaire ses besoins au regard de la performance obtenue. L'instrumentalité sera faible quand la performance attendue sera de plus en plus élevée alors qu'il est payé à l'heure. Comme le souligne Claude, opérateur de ligne : *« On nous demandait d'augmenter la production et de modifier notre organisation du travail au prix d'efforts considérables, avec le même salaire. Nous n'avions aucun intérêt à le faire du point de vue de ce que nous allions y gagner. Et nous n'avons rien fait en plus. »* Dans ce cas, la rétribution ne dépendant pas de la performance, le salarié sera peu enclin à s'impliquer. Par contre, sa motivation pourra être activée s'il existe d'autres récompenses telles que la reconnaissance, la promotion, etc. Au même titre que pour l'expectation, si le salarié n'est pas convaincu de l'opportunité de changer, son implication sera faible dans les changements demandés.
- La troisième variable, la valence, est la valeur attribuée par l'individu à un résultat attendu. Il s'agit pour le salarié de répondre à la question : *« Quel est le prix pour moi de ce que mon travail actuel peut m'apporter ? »* De la réponse à cette question va découler son adhésion ou sa résistance au changement. S'il estime être déjà mal payé, tout changement proposé se heurtera à un mur d'opposition.

Au regard de l'évaluation faite par un salarié de ces trois variables, il va de soi que si le coût psychologique, intellectuel et physique est plus important que les gains obtenus, sa motivation sera faible, inexistante, voire orientée vers la résistance. C'est de la réponse à ces trois questions que dépendra l'investissement d'un individu dans le changement proposé.

Chapitre 2

Pourquoi il est normal de résister au changement : l'encadrement

- La résistance aux résistances
- Un frein : les pathologies organisationnelles
- Un management intermédiaire peu formé

Garants de la pérennité de l'entreprise, les dirigeants doivent impulser les changements nécessaires pour assurer son devenir. À cette fin, ils imaginent les scénarii possibles, les enjeux et les objectifs que leurs fantasmes leur procurent. Emportés par leurs désirs et le plaisir envisagé, ils ne voient pas, ou ne comprennent pas, que cette envie de grandeur, pour ne pas parler de mégalomanie, n'est pas partagée. Ils ne voient et ne comprennent pas que ce ne sont que leurs rêves qu'ils portent, et pas ceux de leurs collaborateurs. *« J'ai toujours eu du mal à comprendre que les salariés n'aient pas envie constamment d'évoluer et de saisir l'opportunité que l'entreprise leur offrait. À chaque fois cela me révolte. Et à chaque fois, je dois me battre contre leur résistance au projet »*, me confia un jour le dirigeant d'une entreprise de haute technologie.

LA RÉSISTANCE AUX RÉSISTANCES

DES RÉSISTANCES DE LA DIRECTION AUX RÉSISTANCES DE L'ORGANISATION

Au même titre que leurs collaborateurs, les directions passent par les mêmes étapes du changement. Très souvent inconscientes d'être elles-mêmes engagées dans un processus de transformation, elles sont soit dans le déni, soit dans la résistance aux propres résistances de leurs collaborateurs. Dès les premiers temps, cette négation ou ce refus de la réalité, lors de la préparation du projet de changement, les conduit à faire fi des problématiques humaines. *« Si notre projet a échoué, c'est parce que nous n'étions pas conscients des résistances qui se construisaient au fur et à mesure de son avancée. Du coup, il était trop tard pour faire face à la fronde sociale, et les transformations proposées furent abandonnées »*, rapporte Jean, directeur industriel d'une PME d'articles de sport. À cette étape, il devient difficile d'inverser la tendance et d'accepter ce qui aurait dû l'être : les résistances des collaborateurs. Cette inconscience du comité de direction fera payer le prix fort à l'entreprise.

Cette traduction du déni trouve son expression dans les communiqués de presse dont les formulations les plus communes sont du type : *« Il n'y a pas, à ce jour, de résistance au projet »*, ou : *« Les pilotes du projet sont plutôt satisfaits et sereins. »*

C'est seulement au premier gros dysfonctionnement que ces mêmes directions prennent conscience de la réalité, comme ce fut le cas chez Renault, suite au suicide de trois salariés du Technocentre de Guyancourt (Yvelines) entre octobre 2006 et février 2007. Tout à coup, le plan de relance baptisé « Contrat Renault 2009 » de Carlos Ghosn, séduisant en tant que projet d'entreprise, mit en lumière le prix humain à payer. Cependant, bien que les effets eussent été néfastes pour les salariés, c'était sans compter sur la capacité de la direction à faire fi des résistances de ses salariés.

Conscient que la série de suicides portait atteinte à l'image de l'entreprise et à son modèle de management, Carlos Ghosn décida de réagir. Lors d'une convention interne réunissant 2 600 cadres et ingénieurs, le 1er mars 2007 en fin de matinée, il fit le point sur la situation et énonça les mesures pouvant être prises. Il réaffirma aussi qu'il était hors de question de remettre en cause, sous une forme ou sous une autre, le « Contrat Renault 2009 ». Quelque temps plus tard, et pour les mêmes causes dramatiques, France Télécom, accusée de rester sourde à cette situation, mettra en place des cellules d'écoute.

Les résistances d'un membre du comité de direction

Loin de faciliter le changement, les résistances des comités de direction aux résistances du reste de l'organisation sont un frein pour conduire les transformations prévues. C'est aussi le cas quand un ou plusieurs membres du comité de direction décident de s'opposer au projet au sein même de cette instance.

La responsable des ressources humaines d'un groupe industriel de fabrication de jouets révéla que l'entreprise avait failli déposer le bilan, suite à l'opposition de son directeur industriel au projet de réorganisation : *« Bien que le comité de direction ait décidé majoritairement de sa mise en œuvre, le patron du pôle production sabordait le projet, manœuvrant habilement son encadrement et ses équipes. Il réussit à bloquer celui-ci durant quelques mois. Le pouvoir qu'il avait au sein de l'organisation le rendait difficilement licenciable. Durant cette période d'immobilisme, l'entreprise prit un retard considérable face à la concurrence. »*

Les résistances de l'encadrement

Ces attitudes d'opposition peuvent être aussi portées par le reste de l'encadrement. Elles sont généralement moins directes et plus sournoises, rendant difficile le fait de les repérer et de les gérer. Combien de managers font mine de défendre un projet de changement lors de réunions d'encadrement, pour ensuite le saborder ? *« J'ai caché mon opposition à ce projet, faisant preuve de mauvaise foi car j'avais une famille à nourrir et peu d'opportunités pour partir ailleurs. Il fallait pour autant que je m'y oppose. J'ai tout fait en ce sens, montant subtilement mes collaborateurs contre ce projet. Mes efforts furent récompensés, et cela sans que quiconque ne remette en cause mon engagement dans le projet. Le plan de transformation proposé par mon directeur fut abandonné »*, osera m'avouer Jean, responsable du développement d'une entreprise d'armement française.

Il est fréquent de constater que les résistances du manager peuvent se traduire aussi par du « non » management durant cette période. Dans ces cas-là, il gère l'équipe à distance et se contente de réviser les budgets, de suivre les plannings, plutôt que d'être là.

UN FREIN : LES PATHOLOGIES ORGANISATIONNELLES

Pire encore que les pathologies dont sont victimes les salariés, suite aux différents changements et qui coûtent cher dans la durée, ce sont les maladies mentales dont sont frappées les directions qui posent problème, car elles touchent la tête, autrement dit l'organe de décision de l'entreprise. Si les choix stratégiques ne sont pas pertinents, car empreints d'incohérence, ils peuvent conduire l'entreprise à de funestes destinées. Les affections recensées et propres au top management sont : l'Alzheimer institutionnel, l'anorexie corporative, le syndrome de la porte tournante ou la spirale de la mort.

L'« Alzheimer institutionnel »

La première pathologie inventoriée est l'« Alzheimer institutionnel », une maladie qui touche aujourd'hui une grande majorité d'entreprises. À force de licencier ou de favoriser les départs volontaires, il n'y a plus de mémoire et de compétence collectives. En quittant l'organisation, les employés expérimentés emportent avec eux leur précieuse expertise, rendant difficile, voire impossible, la continuité de l'exploitation.

> Ce fut le cas d'un célèbre avionneur américain qui, ayant licencié ses cadres et ses employés expérimentés, n'était plus en capacité de construire des avions capables de voler.

Ce n'est qu'après coup que certaines organisations prennent conscience que le renvoi ou le départ volontaire du personnel chevronné fragilise l'organisation et la met dans l'incapacité de fabriquer le produit ou le service proposé. Devenues inaptes au combat face à la concurrence, ces entreprises périclitent.

L'« ANOREXIE CORPORATIVE »

La deuxième maladie inventoriée est appelée l'« anorexie corporative ». Affiner la silhouette dans le but d'afficher l'image d'une entreprise rentable auprès des partenaires économiques et financiers, c'est ce à quoi se consacrent certaines directions, au mépris des intérêts de l'entreprise, et des hommes et des femmes qui la composent. C'est un travail de transformation sociale, basé sur la discipline et l'autocontrainte. Il s'agit d'être le plus maigre possible pour répondre à divers besoins, entre autres d'image, d'estime et de sécurité. Le premier besoin vise à donner une représentation séduisante de l'entreprise avec une forte rentabilité. Quand les résultats d'une entreprise ne sont pas à la hauteur des espérances de bénéfices des actionnaires, l'annonce d'un plan social rassure et tend presque toujours à faire remonter le cours de la Bourse. L'action devient attractive. Pour d'autres directions, il s'agit d'anticiper la baisse de la demande de production et de satisfaire un besoin de sécurité.

Quels que soient les motifs de cette anorexie, et au même titre qu'un individu qui continue chaque jour à réduire la quantité de nourriture absorbée jusqu'à ne plus manger est condamné à s'écrouler d'épuisement, certaines entreprises conduisent des réductions trop massives ou répétées, qui induisent inexorablement la destruction de leur organisation. Car, comment tenir debout quand on n'en a plus la force ?

Tous les niveaux hiérarchiques font les frais de cette stratégie d'amaigrissement qu'imposent les actionnaires. C'est aussi le cas des directions d'entreprise, comme le souligne Paul H. Dembinski : *« Ainsi, la stratégie de croissance est de moins en moins due à la compétence de l'entreprise elle-même, pour devenir la prérogative des actionnaires qui s'expriment souvent par la voie des "gardiens de troupeau" que sont les banques d'investissement expertes en fusions et acquisitions, les consultants aux dents longues et autres agences d'appréciation des performances. En d'autres termes, la préoccupation de croissance a été "externalisée", comme en témoigne le fait que les moyens financiers correspondants ont été transférés à l'actionnaire, en même temps que le fruit d'économies réalisées en limant les coûts à l'extrême. En conséquence, l'entreprise est devenue anorexique*[1]. »

> Dans les années 2000, un *cost killer* a été recruté dans une grande entreprise française pour ramener la dette colossale à un niveau attendu. L'objectif atteint, il continua la cure d'amincissement en ordonnant la suppression des plantes vertes du siège, au motif qu'elles étaient trop coûteuses en entretien.

Le « syndrome de la porte tournante »

La troisième pathologie est appelée le « syndrome de la porte tournante ». Certaines organisations, voulant diminuer la masse salariale et optimiser l'emploi, se séparent d'un certain nombre de salariés, pour se rendre compte par la suite qu'ils étaient essentiels au bon fonctionnement des services. Ayant constaté trop tard leur erreur, certaines directions tentent désespérément de rappeler les anciens employés. En vain car ces derniers, se sentant trahis et mal estimés, refusent de revenir, au risque de mettre leur devenir professionnel en péril. Christine, acheteuse dans une société de distribution, me rapporta cette anecdote : *« J'ai été mise dehors au motif que ma contribution n'était pas suffisante et essentielle. Au bout d'un mois, la responsable des ressources humaines me recontactait pour m'expliquer qu'ils avaient fait une erreur d'appréciation et qu'ils me reprenaient, si j'étais libre. J'avais tellement eu honte de cette mise à l'écart que revenir était devenu pour moi impossible. »*

1. Directeur de l'Observatoire de la finance basé à Genève et éditeur de *Finance and the Common Good/Bien Commun*. Article paru dans le journal *L'AGEFI* à destination des banquiers, septembre 2006.

Contraints d'embaucher à nouveau pour répondre aux besoins des services, ils augmentent les coûts tout en se faisant brocarder par le personnel, à qui ils offrent une belle opportunité de douter de la pertinence de leurs décisions.

La « spirale de la mort »

La quatrième pathologie est dénommée la « spirale de la mort ». La logique poursuivie est que, lorsqu'une première série de coupures dans les effectifs n'a pas donné les résultats escomptés, les directions procèdent à une autre réduction, pensant enfin obtenir satisfaction. L'objectif n'étant pas atteint, elles continuent avec la même solution, jusqu'à la mort du corps social.

> *« La dernière, c'était il y a trois ans. C'était la troisième restructuration ou la quatrième ? Je ne compte même plus, on est un peu blasés ici. »* Véronique, 45 ans, embauchée chez Alcatel-Lucent il y a dix ans, rit doucement. Depuis, les plans de départs volontaires et les restructurations se sont enchaînés. Elle raconte : *« Les prestataires partent d'abord, puis les salariés passent "au guichet"... et la charge de travail augmente. Trois cents personnes travaillaient dans l'unité, une dizaine est restée. Le reste de l'activité est parti au Maghreb. »*
>
> La direction d'Alcatel-Lucent, nonobstant la « spirale de la mort », fut victime d'une autre maladie, l'Alzheimer. *« À chaque fois, les projets sont arrêtés, le savoir s'en va, ça me déprime. Ce qu'ils ne comprennent pas (à la direction), c'est que quand ils virent les 55 ans, ce sont des compétences qu'on perd. C'est frustrant : le travail et les collègues partent, et nous, nous avons l'impression de devoir toujours recommencer. »*

Quelle que soit la pathologie dont sont frappées les directions d'entreprise, celles-ci, ayant tiré peu ou pas d'enseignements de leurs erreurs, continuent à augmenter les doses médicamenteuses pour atteindre les objectifs qu'elles se sont fixés ou résoudre les problèmes qui se posent à elles. Mettre en place ce type de stratégie conduit à un effet boule de neige : moins les directions d'entreprise ont de résultats, et plus elles persistent à user de la même solution. Consciemment ou inconsciemment, il ne s'agit plus ici d'atteindre seulement l'objectif tant escompté, mais de justifier aussi de la pertinence de cette décision, en ayant encore recours à cette même médication qui va finir par payer. À ce niveau d'échec, la solution employée devient un problème à résoudre.

Avoir recours au même cadre de référence pour analyser le problème conduit à l'irrationalité et à son cortège d'erreurs.

> Ce fut le cas pour une entreprise de transport de fonds. Celle-ci faisant l'objet de braquages répétés, la direction considéra qu'il suffisait d'augmenter l'épaisseur des cloisons des fourgons pour dissuader les voleurs. Loin de se décourager, ces derniers augmentèrent, au fur à mesure que les parois s'épaississaient, la puissance de leur armement, passant du pistolet à la mitraillette, puis au bazooka et à ce jour au lance-roquettes. Pour résoudre le problème et stopper l'escalade meurtrière, la seule solution est de passer d'un changement de niveau 1 à un changement de niveau 2, comme le définit Paul Watzlawick. Le changement de niveau 1 consiste à modifier un élément du système sans que cela ne touche à l'identité de l'entreprise. Le changement de niveau 2 conduit au changement de cadre de référence et peut amener des bouleversements culturels. Dans le cas de cette société de transport de fonds, changer de cadre de référence, c'est aboutir à la conclusion que pour être en totale sécurité, les transferts d'argent doivent être effectués par des convoyeurs anonymes dans des voitures banalisées. En choisissant cette alternative, la direction d'entreprise a accepté un changement de culture et tout ce qu'il impliquait, notamment le passage d'une culture de la virilité à une culture de la discrétion. C'est ainsi qu'entre Anvers et Paris des voyageurs tout à fait anonymes passent en train des milliers, voire des millions d'euros en pierres précieuses.

UN MANAGEMENT INTERMÉDIAIRE PEU FORMÉ

L'absence de motivation et de compétence de l'encadrement intermédiaire à conduire les hommes dans les périodes de changement est un facteur d'échec dans la gestion des réorganisations d'entreprises. Pour la plupart des managers, la difficulté est de trouver l'envie, la patience et la compétence pour gérer leurs collaborateurs dans ces périodes de transition où ceux-ci ne sont pas bien psychologiquement.

Face à leurs manques, les managers démotivés ou incompétents prennent généralement deux chemins : celui de la « fuite » managériale, ou celui de la présence « technique ». Dans les deux cas, ce sont des stratégies d'évitement de soi et des autres.

La « fuite » du manager

Le premier chemin emprunté par l'encadrement, celui de l'évitement, consiste à se réfugier dans les dossiers, les *reporting*, les tâches annexes (qui ne sont généralement pas de leur compétence) et les réunions de cadres. Ils justifient leur défaut de présence en cette période cruciale par l'absence de temps pour diriger leurs équipes. Vraie réalité ou faux problème ? Si l'on se réfère à ce que devrait être une gestion du temps efficace, la planification dépendrait de deux critères : l'importance et l'urgence des activités de services. Or, la plupart des cadres gèrent leur temps selon deux autres paramètres : ce qu'ils aiment (motivation) au détriment de ce qu'ils n'aiment pas ; et ce qui leur paraît facile (compétence) au détriment de ce qui leur paraît difficile.

Il y a là une contradiction flagrante entre les intérêts du service et de la fonction, et les intérêts du manager qui définit ses priorités au regard de sa motivation et de sa compétence. Les constats opérés à l'analyse des plannings des cadres font apparaître que la majorité d'entre eux définissent « l'urgent et l'important » à travers ce sur quoi ils se sentent compétents et motivés. Cette planification se fait très souvent au détriment de ce qu'ils ne savent pas faire et de ce qu'ils n'ont aucun plaisir à faire. En agissant ainsi, ils se maintiennent à l'intérieur d'une zone de confort et de performance et ce, même si leurs comportements vont à l'encontre de leur mission managériale.

Comme le soulignait un haut responsable à la SNCF : *« Si, pour un manager, gérer les hommes est une activité pour laquelle il n'a pas de plaisir et de compétence, il ne sera pas là où la direction et l'équipe l'attendent : dans la gestion émotionnelle et intellectuelle liée au changement. »*

Or, les collaborateurs ont besoin d'être accompagnés psychologiquement pour franchir deux épreuves. La première, celle de l'apprentissage qui génère des doutes et des peurs, peut, si le salarié est mal accompagné, conduire à l'échec. La seconde, celle de la culpabilité ressentie à l'évaluation de sa non-performance, va, si elle n'est pas traitée, aggraver sa sous-productivité. Il est donc essentiel de rassurer, soutenir et valoriser ses collaborateurs dans cette période où les repères disparaissent.

Trop de présence « technique »

Le second chemin consiste à être présent sur le plan « technique ». Dans ce cas précis, les managers consacrent l'essentiel de leurs « causeries » et de leurs « comportements » à la gestion instrumentale du dossier. Comme le commente Évelyne, responsable logistique : *« Lors de la dernière réorganisation, j'ai consacré tout mon temps à gérer la mise en œuvre des processus qualité au sein de l'équipe, sans me préoccuper des états d'âme des uns ou des autres, causés par la modification de leur organisation du travail. »* Deux ans plus tard, la non-prise en compte du facteur humain a pour impact que les normes de qualité restent peu appliquées dans leur intégralité et que les standards de production sont loin des attentes de la direction.

En se focalisant sur la partie rationnelle du projet, à travers la gestion des activités, les managers s'évitent les désagréments que pourrait leur procurer le fait de s'occuper du contenu émotionnel, plus difficile à maîtriser. Pourtant, la dimension affective est prépondérante dans la conduite et la réussite du projet.

Peu formés et mal informés, les managers font ce qu'ils peuvent avec ce qu'ils sont. À leur décharge, il est vrai que manager un homme en « mouvement » est la partie la plus délicate à gérer pour un responsable hiérarchique. Cela ne s'improvise pas et nécessite une formation adaptée.

Les nouveaux besoins ont conduit les opérateurs de formation à revoir leur copie et à concevoir des apprentissages plus adaptés à la nouvelle donne : le changement est permanent, et il est nécessaire que les collaborateurs s'en accommodent le plus rapidement possible. En attestent les catalogues de formation, excellents révélateurs des besoins en matière de compétences et du revirement des tendances des directions d'entreprise. Jusqu'à ces deux dernières années, les formations proposées sur la conduite du changement étaient essentiellement destinées aux responsables des ressources humaines et aux pilotes du changement. Le contenu des programmes de formation comportait généralement un exposé théorique et très peu d'exercices pratiques sur les effets du changement. Aujourd'hui, il est plus aisé de trouver des séminaires adaptés aux besoins des managers, et dont les intitulés ressemblent à ceux-ci : *« Permettre à vos collaborateurs de s'adapter aux changements »*, ou : *« Gérer la partie émotionnelle des réorganisations d'entreprise. »*

Chapitre 3

Quels sont les effets d'un changement mal conduit ?

* La baisse de performance et d'engagement chez les salariés
* L'augmentation des coûts économiques, financiers et humains
* Les impacts psychologiques

Le changement est permanent et porte en son sein des vertus évidentes pour les entreprises, car il est un moyen pour s'adapter aux contextes économiques, technologiques, techniques et sociaux. Pour un salarié, il est un chemin pour maintenir son employabilité et sa pérennité au sein d'une organisation, voire se développer pour satisfaire ses ambitions.

Pour autant, conduire les mutations au sein d'un corps social présente de nombreux écueils qu'il faudra surmonter avec dextérité. Parmi ceux-ci, la gestion des hommes et de leurs états d'âme qui peut se traduire, si ces obstacles sont mal gérés, par une augmentation des coûts, une baisse de la performance et, plus insidieux encore, par des pathologies mentales chez les salariés. Quels que soient les coûts humains, financiers ou économiques, l'entreprise n'a pas les moyens de les assumer sans mettre à mal son devenir. Or, l'analyse des changements fait apparaître une multitude de conséquences négatives que les entreprises sous-estiment au démarrage et déplorent après coup. Généralement, il est alors souvent trop tard.

LA BAISSE DE PERFORMANCE ET D'ENGAGEMENT CHEZ LES SALARIÉS

Quels dirigeants pourraient croire que des changements qui visent à modifier un organigramme, un processus interne, à ré-agencer un service n'aient pas d'impact sur les comportements professionnels des salariés ? Si l'on se réfère aux différentes enquêtes réalisées, il est constaté une baisse de performance pendant les six mois qui suivent la réorganisation et, par voie de conséquence, une augmentation des coûts de structure.

Une pression qui nuit à la performance

Durant la période de transformation de l'organisation, l'objectif, et en même temps la grande difficulté, est de maintenir un niveau de performance élevé, tout en opérant les évolutions prévues. Cela ne peut se faire sans effort supplémentaire de la part des salariés pour gérer à la fois le présent et préparer l'avenir. Or, si la motivation n'est pas là, la compétence non acquise et l'erreur non permise, ni le présent ni le futur ne seront assumés correctement. Vouloir faire deux choses à la fois aboutit assez souvent, faute de préparation et d'accompagnement, à ne faire ni l'une ni l'autre correctement, ce qui entraîne une baisse globale de performance. Dans ces périodes de transition, l'interdiction de faire de fausses manœuvres génère un stress supplémentaire, qui vient s'ajouter à celui que peut déjà ressentir le salarié. Or, trop de pression et le sentiment d'insécurité qu'elle engendre nuisent à la performance au travail, comme le démontre Brockner[1] (1992). Avec un niveau modéré d'insécurité, les salariés se montrent plus productifs. Comme le confiera un télévendeur d'une société de fournitures de bureau par correspondance : *« L'introduction d'un nouveau logiciel de gestion des clients ajoutait une contrainte supplémentaire au fait de vendre par téléphone. Outre la pression des résultats, il fallait correctement utiliser ce logiciel et renseigner tous les champs obligatoires. Nous n'avions pas droit à l'erreur, car notre responsable voulait montrer à sa hiérarchie que l'intégration du logiciel se faisait parfaitement et sans erreur. Cette pression du résultat commercial et technique me conduisait à me focaliser alternativement, selon mon ressenti, soit sur la négociation, soit sur l'utilisation du logiciel. Je ratais quelquefois l'un et l'autre, notamment des ventes avec des clients pressés. Mon responsable de plateau n'arrangeait pas la chose en me rappelant constamment que j'étais en deçà de mes résultats habituels. Je ne savais plus sur quoi me concentrer, le client ou le logiciel. »*

1. Consultant et psychologue ayant travaillé sur la théorie de l'engagement.

Réguler la pression pour un maximum de performance

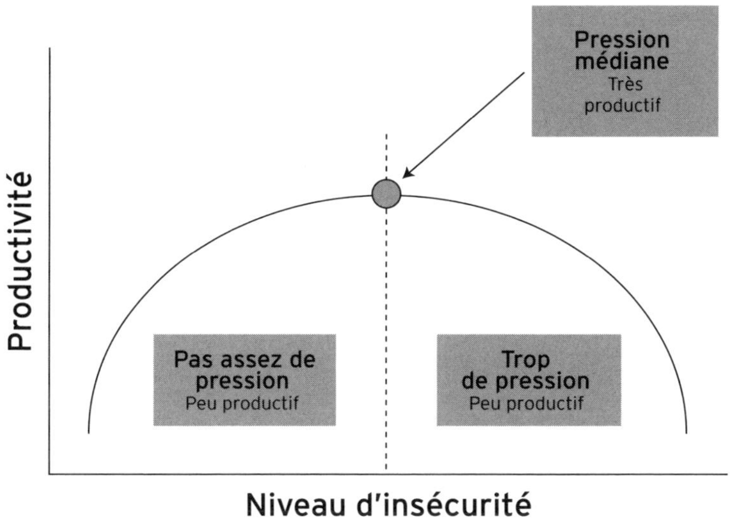

Pour cette raison, dans ces périodes de forte insécurité, il est fondamental pour un manager de savoir réguler la pression pour conserver un niveau de performance acceptable. Dans un monde où tous les temps de traitement des processus ont tendance à s'accélérer, savoir réguler la pression est une compétence clé pour conduire efficacement toutes les transformations. J'aborderai plus tard, dans la partie III, comment gérer la pression au sein d'une équipe.

L'ALTÉRATION DE LA COHÉSION ET DE LA COHÉRENCE

Outre les multiples dégâts occasionnés par les mutations sur la motivation, et donc la performance, c'est la cohésion et la cohérence au sein même des équipes qui sont détruites. Face à ce qui le met en difficulté, le salarié n'a qu'une seule issue : s'opposer au changement en mettant en berne tous les leviers de la performance. Occupé à se défendre, il ne se consacre plus ou peu à l'activité. La résistance s'organise et le mécontentement s'exprime dans les actes quotidiens de la vie d'entreprise. La **créativité** et l'**initiative** deviennent absentes. *« En réunion de cadres, quand j'avais formulé trois propositions d'amélioration et que l'on m'en demandait une quatrième, je rétorquais que j'en avais donné pour mon salaire »*, nous déclare Philippe, responsable export dans une entreprise internationale de meubles. Plus tard, il ajoutera : *« Il était hors de question de continuer à nourrir une organisation qui ne reconnaissait pas l'investissement de chacun. »*

Sous les coups de boutoir des différentes restructurations et des annonces mal faites, les équipes volent en éclats, là où la solidarité devrait émerger. La **coopération** et l'**entraide** s'amenuisent, le climat social « *devient lourd et délétère* ». Dans ces périodes où tout semble confus et où rien ne filtre, chacun pense à sauver sa peau. Les amitiés disparaissent, alors qu'il faudrait un lien social fort pour surmonter les épreuves. *« Notre amitié n'a pas résisté à ce plan de sauvegarde de l'emploi et, en même temps que mon poste, c'est mon ami que j'ai perdu »*, se désole Yves, ancien conducteur d'engin au sein d'une société de fret française. Paradoxalement, les **démissions** augmentent car, pour certains : *« Il valait mieux partir avant qu'on nous foute dehors. L'honneur était sauf. »* Enfin, l'**absentéisme** croît, tandis que les statistiques relatives aux **maladies** et aux **accidents** du travail s'envolent.

Toutes ces conséquences directes ou indirectes des restructurations ne sont, par ailleurs, pas sans incidence sur les coûts, les marges et, au final, sur la rentabilité de l'entreprise.

L'AUGMENTATION DES COÛTS ÉCONOMIQUES, FINANCIERS ET HUMAINS

Le coût des restructurations

Les enquêtes montrent que, parmi les entreprises qui mènent des transformations, seules 50 % atteignent les objectifs poursuivis par les réorganisations, quand les changements mis en œuvre ne sont pas abandonnés en cours de route. Le fait de ne pas les atteindre ou de les abandonner témoigne d'un investissement déficitaire dans la conduite du changement. Pour celles qui sont en situation d'échec, les coûts économiques, financiers et humains sont colossaux.

Pour s'en convaincre, il n'y a qu'à évaluer le prix à payer pour l'absentéisme, les maladies, l'absence de coopération et de motivation qui se chiffrent en indemnités journalières, en coûts d'intérim, en pénalités de retard versées au client, en frais de retour des ateliers. On appréhende ainsi les impacts financiers pour l'entreprise.

Citons également les coûts supplémentaires engendrés par une mauvaise maîtrise du changement, tels que les réunions à répétition des cadres pour faire face aux dysfonctionnements rencontrés, les honoraires des consultants appelés en renfort au dernier moment et les débours financiers accordés aux destinataires du changement, alors que ceux-ci auraient été moins coûteux s'ils avaient été négociés en amont du plan.

N'oublions pas enfin, dans cette période de désordre et de paralysie, la baisse d'activité, et ainsi la perte de chiffre d'affaires, suite à la non-exécution des commandes.

Il y a cinq ans, la direction d'une grande entreprise française gérant des fonds de pension, préoccupée par sa rentabilité, décide d'orienter sa stratégie vers une industrialisation des modes de gestion des comptes clients. Une seule solution : la mise en place d'un système d'administration informatique des dossiers, censé réduire considérablement l'intervention humaine, le temps de traitement de chaque dossier, et donc les coûts unitaires de gestion des clients.

Cette réorganisation doit s'accompagner d'une réduction des effectifs, de façon à ajuster le personnel à la charge de travail. Cependant, après avoir intégré un logiciel très performant et fort coûteux pour l'organisation, la direction n'a pas la compétence ni le courage de conduire l'allégement des effectifs. Désarmée et ne sachant que faire face au mécontentement soulevé lors de l'annonce du changement de système, elle fait machine arrière, assurant au personnel *« qu'aucun licenciement n'est à l'ordre du jour. Seuls les départs en retraite ne seront pas compensés ».*

L'entreprise paie encore, cinq ans après, les conséquences de cette restructuration mal conduite. Le coût de gestion des dossiers a été doublé, du fait d'un investissement informatique important et d'une masse salariale identique à ce qu'elle était avant la mise en place du nouveau système. Le temps consacré au travail est estimé aujourd'hui à 30 %, les 70 % de temps restant sont utilisés aux pauses café, à l'utilisation abusive d'Internet, etc. Le non-respect des horaires est fréquent et peu sanctionné, car l'absence de travail rend presque légitimes ces exactions. Les préoccupations personnelles ont pris la place des occupations professionnelles dans les conversations quotidiennes. Le climat social est devenu morose, et les conflits entre les cadres et les salariés sont réguliers. Quand le travail disparaît, c'est en même temps le lien social qui se distend.

L'abandon de l'ancien système s'est fait de façon brutale en faisant fi des forces en présence qui pouvaient mettre à mal les évolutions imposées et sans que la direction ne tienne compte de sa capacité à conduire le changement. En remettant en question l'organisation formelle sans prendre en considération la construction sociale et identitaire de l'entreprise, les dirigeants ont mené l'organisation inexorablement à l'échec, à travers une augmentation des coûts et un retard considérable du processus de réduction des effectifs, avec tout ce que cela comporte de pertes économiques, financières et surtout humaines.

La baisse de performance comme l'augmentation des coûts dans la plupart des réorganisations ne sont que la conséquence des effets du changement, mal gérés chez les salariés, qu'ils aient été les destinataires ou pas du changement, qu'ils aient le sentiment d'être les rescapés ou les victimes de celui-ci.

LES IMPACTS PSYCHOLOGIQUES

Quand l'organisation initie des transformations, les effets psychologiques apparaissent immédiatement sous la forme de pathologies mentales, que le salarié ait ou pas des prédispositions pour en être victime. Les plus importantes sont : le syndrome du rescapé et le sentiment de victimisation. Si la mauvaise gestion des hommes est en partie responsable de ces symptômes, le fait d'être touché par l'une ou l'autre des pathologies dépend de la perception que les destinataires du changement ont de leur situation au regard des mutations proposées. Ainsi, un salarié licencié pourra se sentir « victime ou rescapé » d'un plan de sauvegarde de l'emploi selon la vision qu'il a de son entreprise et du devenir de celle-ci.

Le syndrome du rescapé

Le neurologue allemand Herman Oppenheim (1889) aurait été le premier à utiliser le terme de « névrose traumatique » (*traumatic neurosis*) pour décrire la symptomatologie présentée par des accidentés de la construction du chemin de fer. Ce symptôme fut l'objet de multiples études menées par des spécialistes de psychologie militaire après la Première Guerre mondiale. Appelé « syndrome du survivant », il désigne le stress post-traumatique vécu par les rescapés de situations extrêmes telles que les conflits armés, la torture, les camps de concentration, les génocides, les catastrophes naturelles, les accidents graves comme le crash d'un avion, les actes terroristes, etc. Ce syndrome apparaît quand l'individu prend conscience, après coup, qu'il a sauvé sa peau, là où d'autres y ont laissé la leur.

Il en va de même en entreprise quand celle-ci initie des changements, quelles que soient leur nature et leur ampleur. Ce symptôme surgit quand un salarié se sent le rescapé d'une situation qui lui apparaissait au préalable défavorable et à laquelle il a réussi à échapper. Même si le ressenti est moins fort que dans certains contextes extrêmes tel que l'est une guerre, il sera présent et pesant pour le salarié et l'organisation.

Dès l'annonce d'une transformation quelconque, les destinataires du changement vont mettre en œuvre un certain nombre de stratégies défensives devant leur permettre de sauver leur emploi, leur poste, leur bureau. En fait, ils vont chercher à se protéger de tout ce qui pourrait les rendre victimes d'une situation qu'ils n'ont pas souhaitée. Ces tactiques défensives prennent toutes les formes de résistance déjà citées plus haut. À ce stade, la préoccupation principale des salariés est de maintenir le *statu quo* afin de sauvegarder la sécurité psychologique et professionnelle dont ils ont besoin. *« En apprenant qu'il allait y avoir une restructuration de nos services, le ciel m'est tombé sur la tête. J'ai tout de suite pensé au licenciement. J'ai encaissé le choc dans un premier temps, puis j'ai décidé de me battre avec mes moyens »*, témoigne Jean-Yves, 40 ans, cadre au service commercial d'un torréfacteur français. Cette lutte de tous les instants, qu'elle soit collective ou individuelle, sera menée jusqu'à l'annonce officielle de la liste des victimes du changement. S'ensuit immédiatement, chez ceux qui ont sauvé leur place, un sentiment de culpabilité vis-à-vis de leurs collègues « victimes ». Une réaction affective qu'ils vont par la suite faire vivre ou étouffer. Cela est extrêmement visible dans le cas de plans de sauvegarde de l'emploi, quand les survivants se sentent inéluctablement fautifs d'avoir conservé leur poste au détriment de leurs collègues. Ils se sont battus pour ne pas en faire partie. Le rideau tombé, les rescapés vivent mal ce sauvetage et sont hantés par une seule question : pourquoi moi et pas lui ? Comme le souligne Jacques, comptable : *« Ce sentiment est encore plus vivace quand les victimes vous lancent à la figure : qu'as-tu fait pour sauver ta tête ? »*

Ce symptôme est aggravé par le fait que les salariés se projettent dans un avenir au sein de l'entreprise qu'ils imaginent généralement très « noir ». Avoir sauvé leur peau ne suffit pas à les rassurer sur leur futur. Pour chacun, l'expérience d'une première réduction d'effectifs conduit inéluctablement à la peur d'être le prochain sur la liste des employés déplacés ou congédiés à chaque communication de la direction. Pour Corinne, cadre bancaire : *« Chaque fois qu'un dirigeant américain vient en visite au siège parisien, les rumeurs les plus folles circulent. J'ai systématiquement peur d'une nouvelle restructuration de la banque. »*

Les conséquences de ce sentiment d'insécurité sont multiples au niveau de l'activité de production et des comportements de groupe. Le rescapé a généralement tendance à éviter le risque, et devient plus conservateur et rigide qu'auparavant. Certains s'enferment dans les procédures par peur d'être pris en faute. *« Avant, je respectais plus ou moins les instructions. Depuis la dernière restructuration, je les applique à la lettre »*, assure Pauline, responsable qualité dans une usine agroalimentaire.

La prudence s'ajoute à la volonté de préserver son estime de soi dans une période où tout concourt à vous faire penser que *« vous ne valez rien »*, y compris s'il le faut à travers l'usage de comportements négatifs. Afin de protéger son estime, le survivant a tendance à blâmer les autres (surtout ceux hiérarchiquement inférieurs), ce qui a pour effet de générer un mauvais climat social au sein de l'équipe, et de faire disparaître toute envie de coopération. Animé du besoin de « garder la tête hors de l'eau », le rescapé « se pose en juge », afin de conserver une estime de lui que le changement aurait tendance à lui ôter. Cet homme de loi est la seule personne dans nos institutions à être au-dessus des lois et à pouvoir légitimement conseiller et sanctionner car il sait et se sent irréprochable.

Chaque fois qu'il a des comptes à rendre, il éprouve le besoin de lever tout soupçon sur sa performance et explique toujours les raisons de ses comportements. Cette attitude est encore plus fréquente chez les managers et les pousse à répondre plus souvent que de coutume à la question du « pourquoi », plutôt qu'à la question du « comment », seule question qui leur a été posée. Enfin, il arrive que certains rescapés soient dans le déni et contestent toute réalité de changement, agissant comme si rien n'avait changé. Quand on leur demande s'ils ont perdu des collègues, ils répondent généralement *« non »*.

La part de responsabilité de l'individu dans l'émergence de ces symptômes est importante car son type de personnalité accroît ou diminue ce genre de pathologie. Pour autant l'entreprise, par ses comportements collectifs ou individuels, possède aussi une part de responsabilité importante dans la gestion de ces phénomènes. Il en va ainsi quand la communication institutionnelle ou interpersonnelle est faite de telle sorte qu'elle ne vient pas rassurer les survivants. Certaines directions, pour ne pas dire la plupart, choisissent des stratégies de communication qui consistent à ne rien dire sur l'état de santé de l'entreprise ou à afficher des certitudes positives pour l'organisation, alors qu'aucun salarié n'est dupe de la viabilité des scénarii présentés.

Quand à cela s'ajoute un management très culpabilisant, qui rend les rescapés responsables d'avoir sauvé leur peau au détriment des victimes, il y a une surenchère dans l'escalade des erreurs à ne pas commettre. Pour illustrer notre propos, nous mentionnerons ici la métaphore de la «*famille brisée*» de David Noer[1].

> Il était une fois... une famille heureuse : le père, la mère et quatre enfants. La famille ne manque ni d'argent ni d'affection. Un jour, les parents annoncent à leurs enfants que des problèmes financiers ne leur permettent plus de nourrir, de loger et d'habiller convenablement toute la famille. Deux enfants, choisis au hasard, doivent quitter la maison et seront hébergés par un oncle et une tante.
>
> «*Il n'y a rien de personnel dans cette décision*, se défend le père. *C'est simplement une décision économique, nous n'avons pas le choix.*»
>
> Le lendemain, il manque deux chaises à la table familiale. Et aucune trace des deux enfants «sacrifiés». Les parents font valoir aux deux enfants «survivants» qu'ils sont chanceux de faire encore partie de la famille. Les parents s'attendent d'ailleurs à des efforts supplémentaires de leur part pour les tâches domestiques. «*Mangez votre déjeuner, les enfants,* dit le père. *La nourriture, ça coûte cher!*»

Il en va de même en entreprise quand les managers empruntent les mêmes types de comportements et de dialogues pour s'adresser à leurs collaborateurs. Il est aisé de comprendre les effets négatifs de cette communication inappropriée sur le moral des salariés, et les conséquences sur la performance d'entreprise. Quels que soient les résultats de ce management, il n'aura pour seule conséquence que d'entretenir la peur, et non de construire une motivation chez les collaborateurs. À défaut d'empathie face à la détresse, les managers se servent de la peur pour faire produire.

1. Consultant américain, spécialiste de la conduite du changement.

À défaut de compétence pour donner du sens au travail de leurs troupes, les cadres agitent l'épouvantail de futurs licenciements, les réductions d'effectifs déjà organisées dans l'entreprise servant définitivement à convaincre ceux qui restent. *« Leur parole et leur souffrance sont interdites. Ils sont considérés comme les "veinards" »*, explique Marie-José Hubaud[1], médecin du travail jusqu'en 2008.

La victimisation des salariés

Le rescapé ou la victime d'une réorganisation n'est pas toujours du côté où on le croit. Ainsi, dans le cadre d'un plan de sauvegarde de l'emploi, le survivant peut faire partie de la liste des gens licenciés. Comme le souligne Paul, responsable produit au sein d'une entreprise de cosmétiques : *« Quand l'entreprise a proposé un plan de départ volontaire, j'ai aussitôt postulé. Rester dans cette entreprise était devenu pour moi difficile. Si cela avait été le cas, je l'aurais très mal vécu. Je ne partageais plus rien avec la direction. J'ai eu la chance de faire partie de la charrette. »* Il est fréquent de retrouver des victimes parmi les salariés conservés.

> Une réorganisation du pool d'assistantes de direction dans une banque d'affaires française n'a pas permis à Hélène de partir en préretraite alors qu'elle souhaitait quitter l'entreprise. *« Quand j'ai vu que j'étais conservée, j'ai proposé au service des ressources humaines de partir à la place d'une de mes collègues plus jeune qui avait été embauchée il y a tout juste un an. Ils ont refusé et préféré me garder car je leur aurais coûté trop cher en indemnités de licenciement. »*

Le statut de rescapé ou de victime dépend de la perception qu'a le salarié de son sort dans l'entreprise au regard des résultats obtenus pour sauver sa peau.

Si le salarié a le sentiment d'être une victime, il est inéluctablement habité par deux sentiments très distincts et très complémentaires : les sentiments d'injustice et d'insécurité.

Comme le souligne Claude Fabre[2], le sentiment d'injustice naît chez un salarié du fait du mauvais traitement par la direction des

1. Médecin et auteure du livre *Des hommes à la peine*, Éditions La Découverte, 2008.
2. Chercheur à l'université de Montpellier, il est l'auteur de *Les Conséquences humaines des restructurations*, L'Harmattan, 2000.

ressources humaines d'un certain nombre de paramètres tels que : la définition des règles de sélection des rescapés, la comparaison sociale des salariés entre eux, la clarté des explications fournies par la direction sur les vraies raisons du changement, les compensations accordées aux victimes du changement, la répartition et l'importance des réductions d'effectifs.

Le sentiment d'insécurité, quant à lui, apparaît suite à l'estimation que fait un salarié de trois paramètres. La première évaluation porte sur la probabilité que le changement annoncé va réellement avoir lieu. *« Depuis le temps qu'on nous en parle, on n'a jamais rien vu venir. Je n'ai pas à m'en faire »*, témoignait un salarié, alors que le changement annoncé survint un mois plus tard.

La deuxième évaluation a trait à sa capacité à empêcher que cette menace ne le frappe. *« Je n'avais pas peur pour mon poste. Il était unique et indispensable à la bonne marche du service »*, se vanta Jacques lors d'une restructuration. Quelques semaines après cette interview, il fut déplacé dans un autre service et son poste supprimé.

La troisième évaluation a pour objet la gravité potentielle des conséquences de ces changements sur sa vie personnelle et professionnelle. *« Quand la direction a décidé de déplacer notre usine de production à 40 kilomètres de là où nous étions pour des raisons de logistique, je me suis posé tout un lot de questions : si je refuse de suivre l'équipe, serai-je en capacité de retrouver un poste dans ma ville ? Pourrai-je subvenir au besoin de ma famille avec mes indemnités de chômage ? Comment mon conjoint allait-il le prendre ? Combien de temps allais-je perdre en transport tous les jours ? »*, rapporte Danièle, opératrice de ligne dans une usine de fabrication de composants électroniques.

C'est de la perception qu'a le salarié de ses capacités à contrôler la situation et à être respecté que vont naître ou pas les sentiments d'insécurité et d'injustice. Pour éviter l'apparition de ces deux sentiments, facteurs de baisse de la performance, les directions des ressources humaines doivent prendre la mesure de ce qui les nourrit et mettre en place un dispositif adéquat visant à diminuer l'importance de chaque élément déclencheur.

Les causes des sentiments d'injustice et d'insécurité

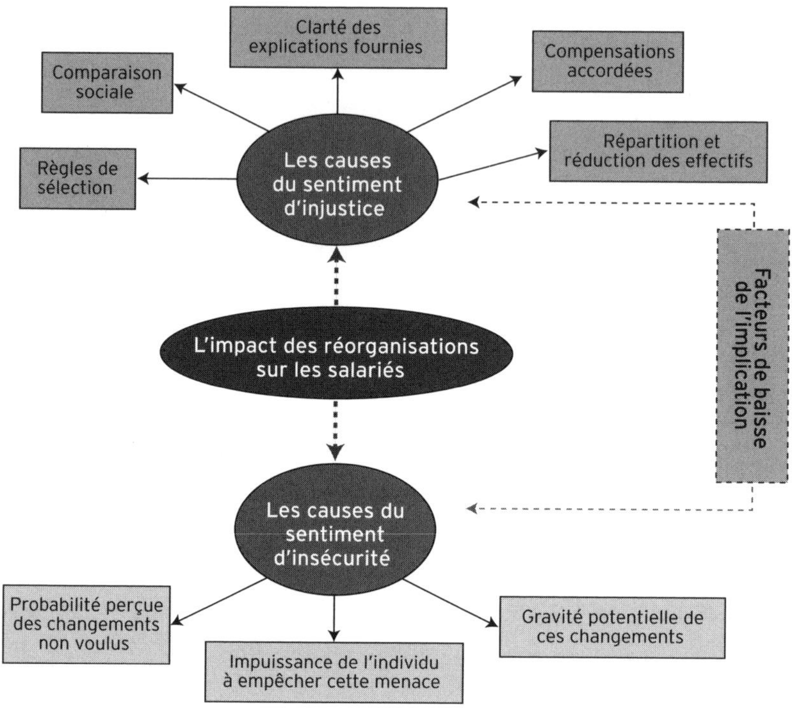

Conclusion

Au regard de l'analyse des réorganisations d'entreprises, il m'est permis d'identifier trois catégories de facteurs à l'origine des échecs de celles-ci.

La première catégorie regroupe toutes les causes liées au **manque de compétences** des dirigeants et de l'encadrement pour conduire un changement. Ils n'ont généralement pas conscience des différentes phases à respecter dans un processus de changement, et ne peuvent donc pas les gérer correctement. Être conscient des effets négatifs de cette mauvaise gestion et agir pour les limiter, c'est faire en sorte que ses collaborateurs n'aient pas envie par la suite de faire payer cette soumission à l'organisation.

La deuxième catégorie des causes conduisant à l'échec est le **manque de motivation** de ces mêmes instances à se préoccuper des hommes. Là encore, sans vouloir faire du sentimentalisme, il est primordial que les dirigeants comme les managers, à défaut de les aimer, apprécient et reconnaissent leurs collaborateurs, le leur montrent pour les conduire au-delà des limites qu'ils pensent être les leurs.

La troisième catégorie est liée à la **mauvaise gestion des conséquences du changement**. Les impacts négatifs du changement ayant été démontrés, l'ensemble de la ligne managériale doit les traiter avec la plus grande attention.

Imaginez deux minutes que votre ambition vous ait poussé à prendre un poste. Afin de répondre aux exigences de performance de la fonction, vous avez été conduit à travailler plus que de coutume et à surutiliser votre corps, au point d'en tomber malade d'épuisement. Pouvez-vous penser un seul instant qu'il soit concevable de ne pas vous soigner ? Non. Pour autant, les directions et l'encadrement n'agissent pas en ce sens, car ce n'est pas de leurs corps qu'il s'agit, mais de ceux de leurs collaborateurs. Et il y a une distance peu impliquante entre eux et le reste des salariés, ce qui les rend irresponsables quant aux effets de leurs décisions.

Partie II

Conduire l'organisation vers le succès : surmonter la résistance et la pression

« Commencez par changer en vous
ce que vous voulez changer autour de vous. »

Gandhi

Au-delà de l'indispensable lucidité dont chaque salarié doit faire preuve pour agir et assumer ses choix, c'est aux directions d'entreprise comme aux managers de proximité que revient la responsabilité de la réussite ou de l'échec du changement. Ces deux destinées sont toujours le résultat de leur volonté et de leur capacité à conduire efficacement les restructurations. Cela implique, pour ces deux instances managériales, d'une part, de prendre en compte un certain nombre de conditions œuvrant à la réussite du projet et, d'autre part, d'acquérir les compétences nécessaires pour piloter adroitement les mutations.

Cependant, le top management, bien que dominant par la tête, ne peut être dépourvu de cœur et de corps afin de rester à l'écoute et dans l'action. Le management de proximité doit avoir de la tête et du corps pour analyser les situations sur le terrain et agir au mieux des intérêts de l'équipe. Enfin, les collaborateurs sont censés pouvoir convoquer leur tête et leur cœur afin d'analyser les dysfonctionnements et de donner du rythme à la production, comme le montre le schéma ci-après.

L'importance de la tête, du cœur et du corps selon les étages de l'organisation

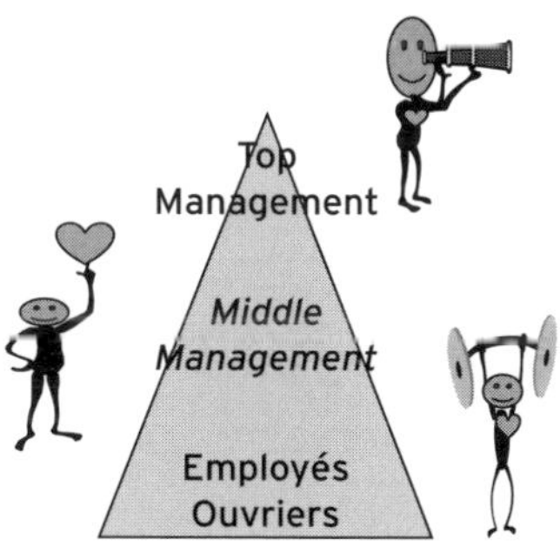

La tête est représentée par le top management. Il est l'autorité en charge de définir le devenir de l'entreprise, à travers la vision qu'il engage auprès des tiers et des salariés. Il décrit la stratégie, autrement dit la tactique à mettre en œuvre pour satisfaire les enjeux de l'organisation à moyen et long terme. Le comité de direction incarne le leadership et se doit d'être rassurant en posant les enjeux vitaux qui vont servir l'entreprise. Loin du «faire» pour être dans le «voir», les dirigeants doivent savoir garder la tête froide et rester stables sur le plan émotionnel pour faire face aux turbulences de la vie économique. Gardant le contrôle de ses affects, cette instance de décision sécurise les autres membres de l'organisation par le contrôle qu'elle exerce de l'ambition et de la rationalité de l'entreprise.

Le cœur est incarné par le *middle management*, responsable de la mise en place de la stratégie d'entreprise. Il donne le rythme et l'énergie indispensables au corps de l'organisation, les salariés. Concentré autour de cette finalité, chaque manager gère la tête (savoir), le cœur (savoir-être) et le corps (savoir-faire) de l'équipe et des membres qui la composent. En axant leur accompagnement sur ces trois registres, les cadres participent au nécessaire équilibre des parties dont a besoin chaque équipier pour obtenir la meilleure performance. Attentifs à l'utilisation des énergies positives ou négatives qui circulent au sein du collectif, les cadres régulent la pression qui découle des objectifs poursuivis et des différents changements envisagés pour les atteindre. Ils sont conscients qu'aux extrêmes, trop ou pas assez de pression inhibe les comportements et occasionne une baisse des résultats collectifs et individuels.

Enfin, la troisième dimension de l'entreprise est le corps, constitué par l'ensemble des collaborateurs. C'est le corps social qui produit, encouragé et soutenu par le cœur (managers), et en application des orientations décidées par la tête (direction). Cette dimension est celle de l'action et du savoir-faire opérationnel. Le corps occupe le terrain et génère le résultat. Il est essentiel.

Afin de mieux comprendre ce que peut être la contribution de chacun dans une conduite infaillible du changement et d'en cerner les limites, il est utile de poser les rôles de ces différentes composantes de l'organisation. L'entreprise, de façon très schématique, est constituée de trois parties : la TÊTE, incarnée par le top management ; le CŒUR, représenté par le *middle management* ; et le CORPS, matérialisé par ceux qui produisent, les employés ou les ouvriers.

CHAPITRE 1

La gestion du changement par la TÊTE de l'organisation : le comité de direction

- Partager une posture au sein du comité de direction
- Choisir sa politique d'action pour mener à bien le changement
- Définir la stratégie de communication institutionnelle

Les modèles d'organisation du travail ont évolué au cours des décennies, traduisant chaque fois cette volonté de produire plus et d'offrir, selon les objectifs de l'entreprise, plus ou moins de confort aux salariés. Nous retrouvons aujourd'hui, dans la plupart des entreprises, des systèmes organisationnels de type polyvalent[1], enrichi[2], groupes semi-autonomes, etc. Pour autant, quel que soit le schéma théorique appliqué, celui-ci ne peut fonctionner que s'il possède les trois dimensions que sont la tête, le cœur et le corps, et que chacune d'entre elles assume pleinement le rôle qui lui est attribué. Nous les retrouvons au sein même de la plus ancienne des théories organisationnelles, celle de Taylor[3], le fondateur de l'organisation scientifique du travail. Cet ingénieur des mines distinguait dans son modèle trois catégories de salariés : ceux qui pensent le travail (la tête), ceux qui l'exécutent (le corps), et il a donné à l'encadrement intermédiaire le rôle d'interface (le cœur) entre les deux premiers cités.

Dans la plupart des changements, c'est essentiellement le corps social qui est impacté par les modifications de l'organisation. Pour cette raison, et afin de faciliter l'acceptation des évolutions, la tête comme le cœur de l'organisation doivent adopter les postures et les comportements adéquats à la situation de transition.

1. Dans ce système, les salariés sont polyvalents et accomplissent plusieurs tâches.

2. Les salariés se voient confier des responsabilités généralement dévolues au manager comme contrôler le travail, planifier, concevoir, etc.

3. Frederick Winslow Taylor (1856-1915), ingénieur américain, a mis en application l'organisation scientifique du travail, qui est la base de la révolution industrielle du XXe siècle. La principale originalité de sa démarche réside dans la division verticale du travail, c'est-à-dire la stricte séparation entre la conception des tâches par les ingénieurs et leur exécution par les ouvriers.

PARTAGER UNE POSTURE AU SEIN DU COMITÉ DE DIRECTION

Pour conduire le changement, le comité de direction doit montrer trois qualités essentielles : de la solidarité au sein de cette instance, de l'exemplarité vis-à-vis du changement proposé et des enjeux de celui-ci, et de la disponibilité aux salariés à travers une capacité d'écoute et un sens du dialogue.

La solidarité

Lors de la phase de réflexion sur les évolutions à envisager pour pérenniser l'entreprise, chaque membre du comité de direction doit participer au débat et, sans se cacher, présenter l'argumentation qui est la sienne. Ils doivent débattre et s'opposer, si besoin est, les uns aux autres dans un esprit positif. À ce stade, la critique émise doit être réfléchie et orientée vers une démarche constructive. Elle ne doit pas être une posture personnelle de rejet systématique des projets ou, pour certains, un instrument de pouvoir. Au terme de cette phase de discussion, quand la décision est prise d'entreprendre un changement, elle doit être portée « unanimement » par l'ensemble des membres du comité de direction. Il en va de leur responsabilité de faire bloc autour des options prises afin de montrer au reste de l'organisation que les dirigeants adhèrent au choix collectif, même s'ils sont individuellement contre. *« Bien qu'au cours des comités de direction, il montrait son adhésion au projet de réorganisation de la logistique, le directeur industriel le critiquait constamment auprès de ses équipes. En agissant ainsi, il jetait le trouble et ralentissait considérablement la mise en marche de cette restructuration vitale pour assurer l'équilibre financier. Cette absence de solidarité nous a coûté cher »*, relève le directeur général d'un groupe agroalimentaire lors d'une enquête sur l'efficacité du comité de direction.

Il est donc primordial qu'au sortir de cette instance de direction, chacun des membres porte avec son cœur et son corps la responsabilité de la mise en œuvre de la décision collective, au-delà de la conviction qu'il peut avoir sur les mutations proposées. Une fois le choix arrêté, chacun devient un simple soldat porteur de la stratégie d'entreprise. À cet instant précis, il ne s'agit plus pour les directeurs de défendre leurs intérêts personnels, basés sur la satisfaction de leurs besoins, mais de satisfaire ceux plus collectifs de l'entreprise. La capacité de chacun à se fondre dans une communauté de pairs, tout en gardant son existence propre, fait la différence entre un comité de direction solidaire et un comité de directeurs - ces derniers étant généralement indifférents aux préoccupations communautaires.

Compte tenu des rapports de force entre les trois dimensions que sont l'équipe de direction, les managers et les employés ou ouvriers, il est important, pour réussir les transformations envisagées, que le comité de direction montre son désir et sa conviction à vouloir engager celles-ci, à travers les comportements unanimement convergents de ses membres. Il doit apparaître comme une force stratégique capable de tenir le choc et de parler d'une seule voix. À l'inverse, quand le cœur (le management) et le corps (la base) de l'organisation sentent l'existence de divergences au sein du comité de direction, cela rend légitimes leurs résistances et donne plus de puissance à celles-ci.

L'exemplarité

La deuxième qualité est l'exemplarité du comité de direction quant à sa capacité à porter au sein même de cette instance les changements demandés à l'ensemble des salariés. En montrant l'exemple et en étant les acteurs principaux des mutations proposées, les membres engagent la dynamique des transformations, donnent le rythme et servent de modèle. L'action engagée, qui s'appuie sur la valeur d'exemplarité, peut alors amputer les éventuels résistants d'une partie de leur énergie nourrie de l'alibi classique : *« Ils nous demandent des choses qu'ils ne s'appliquent pas à eux. »*

Les exemples sont nombreux pour illustrer les propos qui précédent. Combien de comités de direction lancent des programmes de formation visant à améliorer la qualité du management sans y participer eux-mêmes, alors que les constats conduisent à penser qu'ils en auraient autant besoin, si ce n'est plus ? Comme le souligne Philippe Ruquet : *« Plus un sportif veut monter dans la hiérarchie nationale, et plus il va s'entraîner. Dans l'entreprise, c'est souvent l'inverse. Plus un manager a l'ambition de monter, moins il s'entraîne*[1]. »

1. Interview orale de Philippe Ruquet, coach formateur, spécialisé dans l'accompagnement de managers. Nous avons coécrit ensemble *Manager avec courage*, Eyrolles, 2009.

Combien de comités de direction refusent d'augmenter la rémunération de leurs collaborateurs au motif que la rentabilité ne le permet pas et, dans le même temps, s'attribuent des bonus annuels indécents ?

> Alors que la banque Fortis était annoncée en faillite, son directeur financier, Gilbert Mittler, reçut « discrètement » une prime de 4 millions d'euros lorsqu'il quitta, à l'été 2009, le conseil de direction.

Combien de comités de direction procèdent à des plans de sauvegarde de l'emploi, alors qu'au même moment ils investissent des sommes colossales dans des dépenses somptuaires qui montrent au reste de l'organisation le peu de respect qu'ils portent aux salariés ?

> Appelé par son ami Claude Bébéar pour sauver Vivendi, plombé par les dérives financières de Jean-Marie Messier, l'ex-patron d'Aventis, Jean-Marie Fourtou accepte le job et déclare le faire bénévolement. Mais il pose en fait deux conditions : recevoir des stock-options et pouvoir utiliser à sa guise l'avion Falcon de la société. Ces avantages en nature ne l'empêchent pas de se montrer de plus en plus gourmand en matière salariale, oubliant au passage sa promesse de ne pas toucher d'émoluments. En 2003, son salaire est de 2,2 millions d'euros. Il passe à 3,4 millions en 2004, grâce à l'augmentation de son bonus. Il avait illustré la devise suivante : *« Faites ce que je vous dis et ne faites pas ce que je fais. »*

La disponibilité

La troisième qualité est l'ouverture et la disponibilité aux autres collaborateurs durant toute la période d'évolution organisationnelle. Durant cette période de transition, les membres du comité de direction doivent être accessibles aux salariés. En agissant ainsi, ils font montre d'ouverture, de responsabilité et de courage, car ils acceptent d'écouter le mal-être des destinataires du changement et les revendications qui l'accompagnent. Disponibles dans ces périodes de fortes tensions, ils bénéficient d'un feed-back rapide des salariés sur les effets des mutations proposées. Alain, P-DG d'un groupe international de chimie, nous dit : *« Bien que le site destiné à être fermé soit dans le Sud, tous les jours l'ensemble du comité de direction avait une visioconférence avec le directeur et les salariés du site. Pas un d'entre nous ne manquait à l'appel de ce rendez-vous quotidien important, pour la réussite du projet et l'image de l'entreprise. Nous tenions absolument à montrer notre présence dans cette épreuve. Je suis fier de la façon dont nous avons accompagné cette fermeture.»*

La solidarité, l'exemplarité et la disponibilité aux autres sont des vertus précieuses dans la conduite du changement. Aucune de ces qualités ne doit manquer au sein du comité de direction en cette période de transition, sans quoi les transformations seront difficiles à mettre en œuvre.

CHOISIR SA POLITIQUE D'ACTION POUR MENER À BIEN LE CHANGEMENT

Se poser les bonnes questions

Représentant la TÊTE de l'organisation, le comité de direction, pour conduire efficacement les évolutions nécessaires, doit posséder une compétence clé : la capacité à identifier la stratégie à mettre en œuvre au regard du contexte d'entreprise. À ce stade, le top management doit faire preuve de «mètis», c'est-à-dire d'intelligence rusée, tirée du nom de cette déesse de l'Antiquité qui possédait un sens tactique développé. L'organisation de l'action devra être la plus adaptée possible à la situation de l'entreprise et tenir compte de la légitimité des acteurs du changement.

L'observation des comportements en entreprise fait apparaître une gamme complète de stratégies possibles, allant de l'imposition brutale et sans discussion à la simple habilitation du projet. Quelles qu'elles soient, elles impactent de façon différente l'autonomie du destinataire du changement, qui s'étalonne d'une **«grande autonomie»** à **«aucune autonomie»**.

Pour Pierre Collerette et Robert Schneider[1], il n'y a pas de **bonnes stratégies** d'action dans l'absolu, de modèles reproductibles ou transférables. Il y a seulement des tactiques qui vont être plus opportunes que d'autres. Certaines sont adaptées aux circonstances, et d'autres ne le sont pas.

1. Pierre Collerette est directeur du bureau de liaison à l'université du Québec et Robert Schneider est directeur de recherche au CRIG.

Pour définir la meilleure manœuvre d'action, le pilote du changement doit prendre en compte trois facteurs primordiaux, comme le montre le schéma ci-après :

- les **pressions externes** que ressentent les destinataires du changement ;
- le **degré de convergence** entre les opinions de la direction d'entreprise et celles des destinataires du changement ;
- le **pouvoir (ou autorité) formel ou informel** qu'a le responsable de projet, et l'accès qu'il peut avoir aux acteurs qui ont du pouvoir.

Pour conduire cette analyse et déterminer la bonne stratégie d'action, il est utile de répondre à deux questions essentielles.

La première évaluation permet d'estimer le degré de perception des pressions externes : *« Les destinataires du changement projeté ressentent-ils des* ***pressions*** *de l'environnement ? »* Autrement dit : *« Sont-ils conscients ou au courant que cela va mal et qu'il faut changer ? »* Les réponses formulées s'étalonnent selon l'échelle suivante : aucune pression, des pressions faibles, des pressions modérées, des pressions marquées, des pressions vives.

Si le système subit des pressions externes, et que celles-ci sont ressenties par ses membres, ces derniers sont plus facilement enclins à changer. Il est donc important d'aider les membres du système à **sentir** et **comprendre** ces pressions. À l'inverse, quand l'ensemble des collaborateurs n'a pas conscience des pesanteurs externes, les pilotes du changement doivent agir sur l'axe « pressions externes » et ont le choix entre deux stratégies :

- soit les rendre plus fortes en faisant en sorte que l'environnement externe les exprime de façon plus virulente ;
- soit être plus pressants en interne, en adoptant une communication institutionnelle et interpersonnelle pour convaincre de l'opportunité du projet.

La seconde évaluation à mener est celle de l'adhésion idéologique des salariés au projet de transformation. Elle va pouvoir être menée à travers la réponse à la question suivante : *« Quel va être le degré d'adhésion des salariés au projet de changement ? »* Autrement dit : *« Vont-ils être d'accord avec le projet de changement tel qu'il est proposé ? »* Cette question permet de comparer les opinions des dirigeants et celles des salariés par rapport au projet de changement. La réponse est graduée selon l'échelle suivante : opinion convergente, plutôt convergente, plus ou moins convergente, plutôt divergente et divergente.

De la réponse à ces deux questions et des évaluations qui en résultent découle l'identification de la stratégie d'action à instaurer pour conduire les mutations souhaitées. Prenons, pour illustrer notre discours, deux exemples.

Le premier cas, le plus facile à gérer, fait apparaître, d'une part, que les pressions externes sont ressenties « vivement » par l'ensemble des salariés de l'entreprise et, d'autre part, que ces derniers sont favorables au changement. En traçant la droite entre les deux points d'évaluation, la tactique d'action à laquelle devront avoir recours les pilotes du projet est de faire « habiliter » la proposition de transformation de l'organisation pour lancer l'opération auprès de l'ensemble des destinataires du changement.

Cas n° 1 : le choix d'une stratégie d'action pour gérer un projet de changement

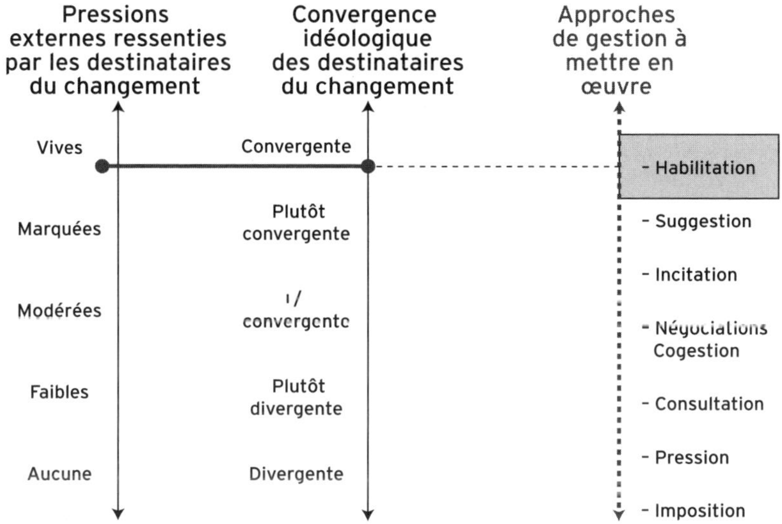

Cas n° 1: analyse de la situation initiale avant présentation du projet

ADAPTER SA STRATÉGIE SELON LE CONTEXTE ET LA LÉGITIMITÉ DE LA DIRECTION

Pour autant, bien que le schéma théorique permette de déterminer la stratégie d'accompagnement du changement, le comité de direction peut vouloir mobiliser une autre tactique plus adaptée au contexte d'entreprise.

> La direction d'un des leaders du nettoyage en France souhaitait que l'entreprise passe du monoservice au multiservice. Il s'agissait d'élargir l'offre clients, jusqu'alors exclusivement centrée sur le nettoyage, à la maintenance de premier niveau et à l'entretien d'espaces verts, voire à la sécurité. Or, après consultation et analyse, il s'avéra que l'ensemble de l'encadrement était peu favorable au multiservice, compte tenu des résultats très positifs déjà obtenus sur le secteur du nettoyage. L'encadrement avait faiblement conscience des pressions des clients et, dans l'hypothèse où le projet de changement leur aurait été présenté, il y aurait eu une « divergence totale » sur la façon de le concevoir, compte tenu de la culture d'entreprise.

Or, comme nous l'avons décrit plus haut, deux facteurs essentiels facilitent la conduite du changement : la sensation forte des pressions externes et l'adhésion sur un plan idéologique au projet.

Cas n° 2 : évaluation de la stratégie d'action

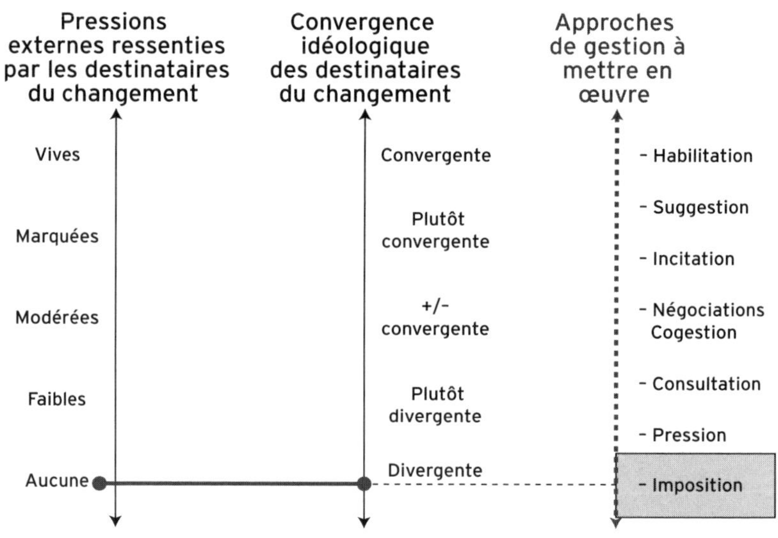

Cas n° 2: analyse de la situation initiale avant présentation du projet

Comme le montre le tableau ci-dessus, si la direction d'entreprise s'était contentée d'appliquer la stratégie prévue, elle aurait dû « imposer » brutalement le changement proposé. Cela ne pouvait se faire que si les dirigeants avaient toute la légitimité pour le conduire. C'est généralement le cas quand une direction a d'excellents résultats ou quand elle vient d'être nommée, au même titre qu'un président qui vient d'être élu a cent jours pour réaliser les grandes réformes. Celles qui sont déjà en place depuis quelque temps, à défaut d'être légitimes, devront manœuvrer différemment et prendre plus de temps que prévu pour agir sur les deux axes : les pressions externes et la convergence idéologique.

Compte tenu d'une croissance à deux chiffres, la direction était légitime mais ne souhaitait pas pour autant s'opposer et démotiver l'ensemble des managers. Les dirigeants ont travaillé sur les deux axes, comme le montre le schéma ci-après.

Cas n° 2 : choisir la stratégie d'action adéquate au regard du contexte

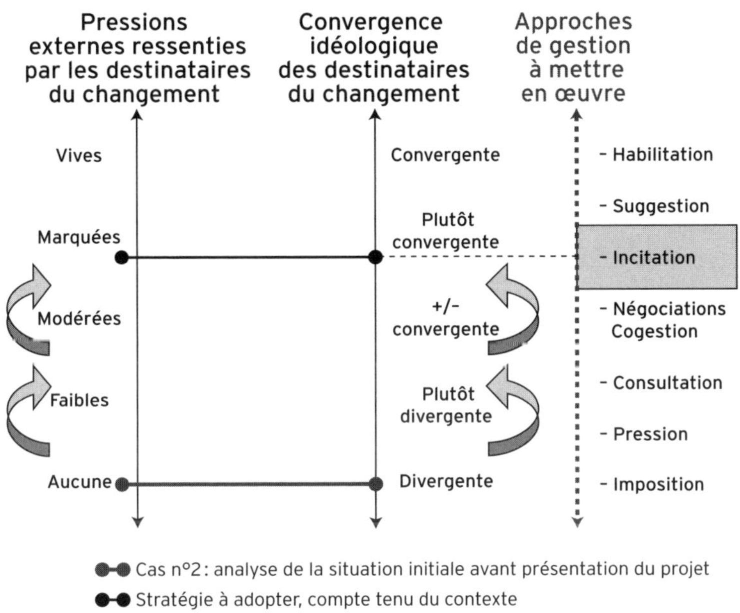

La stratégie de l'entreprise fut d'intervenir en deux temps : se préparer pour convaincre, et convaincre par l'action. La préparation consista à réaliser un film dont l'objectif était double : modifier la perception des pressions externes et faciliter l'adhésion (convergence idéologique) de l'encadrement. Le film comportait deux parties. La première avait pour objectif de faire prendre conscience aux cadres que les clients souhaitaient un partenaire multiservice. À cette fin, nous enregistrâmes plusieurs entretiens auprès d'importants clients de l'entreprise qui réclamaient un partenaire pouvant fournir une prestation plus large comme la maintenance et l'entretien des espaces verts. Ils assuraient que le choix d'un futur partenaire se ferait sur ces critères. La seconde partie du film était consacrée à la présentation d'un panel d'entreprises françaises et européennes ayant réussi dans le multiservice. La conclusion de ce film, qui ouvrait sur un débat, contenait une question : pourquoi pas nous ?

Pour convaincre, la direction d'entreprise avait organisé six séminaires réunissant l'ensemble de l'encadrement, dont le déroulement était réparti en deux phases : projection du film et atelier servant à l'élaboration des plans d'action à mettre en œuvre. Les constats établis au cours de ces six séminaires permirent de conclure que la démarche avait prouvé son efficacité car, en dehors d'une petite minorité qui restait à convaincre, la majorité de l'encadrement adhérait au changement proposé : passer au multiservice. La direction, en évitant le passage en force, a réussi à rendre compréhensible et légitime sa stratégie de croissance horizontale. Elle put initier dans les semaines qui suivirent l'évolution de son offre de services sans rencontrer de fortes résistances et mobiliser le maximum d'énergie autour du projet.

Parmi les autres moyens qui facilitent l'adhésion à un projet, le *benchmark* est celui qui est le plus utilisé.

Un cas d'école : la réforme de la Sécurité sociale par le gouvernement Villepin

Afin de compléter cette démonstration, nous présenterons un exemple de conduite du changement réussie : celui du gouvernement Villepin, soucieux de réformer la Sécurité sociale du fait d'un déficit budgétaire abyssal.

Ce dernier avait évalué que la stratégie à mettre en œuvre au regard des deux axes était l'« imposition » du changement. Pour autant, le gouvernement savait que, compte tenu d'un certain nombre de raisons culturelles, la transformation du régime de la Sécurité sociale ne pouvait pas être imposée. La stratégie arrêtée fut de conduire en douceur les transformations nécessaires sous la conduite du ministre de la Santé, M. Douste-Blazy.

À cette époque, l'ensemble des assurés avait, d'une part, peu d'éléments d'information sur l'état financier de la Sécurité sociale et, d'autre part, était contre la réforme du système de Sécurité sociale, ce dernier présentant des avantages qu'aucun autre système connu ne pouvait lui procurer. Pour développer la prise de conscience des pressions externes, le ministère de la Santé s'attacha à informer régulièrement du montant du déficit de la Sécurité sociale. Quasiment tous les jours, les médias de la presse écrite ou audiovisuelle communiquaient sur ce sujet. En agissant ainsi, le degré d'intensité des pressions externes s'éleva considérablement.

Il restait à élever le niveau d'adhésion des assurés sociaux au projet de changement. Pour ce faire, il suffisait de présenter, *via* les médias français, les systèmes alternatifs qui remportaient un succès d'estime auprès de leurs assurés. Tout au long de cette période, le ministère de la Santé, en communiquant régulièrement les chiffres du déficit de la Sécurité sociale, savait que les journalistes allaient faire le travail nécessaire pour convaincre l'opinion publique. Ce qui fut le cas, puisque l'ensemble des médias se chargea de faire du *benchmark* pour le gouvernement, en allant enquêter sur ce thème chez nos voisins. Fréquemment, les émissions économiques ou les journaux d'information présentaient les alternatives réussies et possibles au régime français, telles qu'elles existent dans les pays nordiques, germaniques ou anglo-saxons. Au fil du temps, l'opinion publique se montra de moins en moins défavorable à la réforme du régime de Sécurité sociale. Cela évita au gouvernement un passage en force qui aurait soulevé de plus amples contestations et une impopularité dont il aurait eu du mal à se relever par la suite.

DÉFINIR LA STRATÉGIE DE COMMUNICATION INSTITUTIONNELLE

Pourquoi communiquer ? Les raisons ne manquent pas, mais trois d'entre elles se détachent. À commencer par la première et la plus évidente, le respect que doit l'organisation à ses salariés. En communiquant les éléments essentiels du projet en temps et en heure, la direction leur montre du respect, et leur donne la possibilité de se préparer à l'idée du changement et de choisir d'adhérer ou de résister.

La deuxième raison est de continuer à les motiver. Sans cette motivation, la performance baisse et le changement s'en trouve retardé, voire suspendu. S'ils ne comprennent pas, les salariés ont peu d'énergie pour gérer le quotidien et assumer l'avenir. Amputés du sens de l'action et perdus entre un présent rassurant et un avenir incertain, ils mettent à mal l'un et l'autre.

La troisième raison est liée à l'apparition de nombreuses rumeurs qu'il est nécessaire de faire rapidement «taire». Elles ont pour effet de générer tout un lot d'émotions négatives qui s'entrechoquent au sein des collectifs comme la peur, la colère, la tristesse ou la joie, et qui diminuent la capacité de la ligne hiérarchique à manager les équipes.

Pour cela, *a fortiori* dans les périodes de mutation, il est fondamental d'informer régulièrement l'encadrement qui est en contact permanent avec les équipes et constitue un relais naturel entre la base et la direction générale. Il faut lui donner les **moyens de communiquer** avec ses équipes. Comme le souligne Pierre-Yves Gagneret, chez Right ARJ : *«Le* middle management *doit pouvoir répondre aux questions qui reviennent le plus souvent. La direction ne doit pas le mettre en situation de devoir botter en touche. Sinon, il sera discrédité.»*

Le choix d'une stratégie de communication

Mes observations en entreprise montrent que les pratiques en matière de communication peuvent se regrouper autour de six grandes stratégies, dont certaines sont particulièrement discutables et d'autres facilitantes. En ce qui concerne celles qui sont **discutables** sur le plan de l'éthique, nous pouvons en distinguer trois : celle dite du «silence», de la «tierce personne» et de la «certitude».

La **stratégie du «silence»** est généralement adoptée quand une direction d'entreprise, trop lâche pour annoncer un changement lourd de conséquences, se tait et met ses salariés face au fait accompli, sans qu'ils aient leur «mot à dire».

> Un des plus célèbres exemples reste celui de l'entreprise Palace Parfum. Profitant de l'absence de leurs salariés durant les vacances de Noël 2002, les dirigeants ont procédé au déménagement en catimini de l'ensemble de l'outil de production. Le 20 décembre, à l'occasion des vœux de fin d'année, et après un dernier verre, les dirigeants ont invité le personnel à la reprise du travail le 7 janvier 2003. Tous présents le jour «J» pour la réouverture à 7 h 30 du matin, les 46 salariés trouvèrent les locaux vides.

L'analyse des raisons qui poussent certaines directions à employer cette stratégie du «silence» permet de mettre au jour deux croyances limitantes. La première consiste à penser qu'en mettant les salariés face au fait accompli, ils vont pouvoir éviter les conséquences économiques et financières d'une annonce anticipée. Les différentes enquêtes révèlent le contraire car les directions d'entreprise, prises à leur tour au dépourvu face à certaines réactions de salariés, dépensent des fortunes en honoraires et compensations pour rétablir une situation qui leur est défavorable.

La seconde croyance consiste à penser qu'en agissant par effet de surprise, les dirigeants et l'encadrement intermédiaire vont « mieux gérer les effets émotionnels » dus aux changements imposés. Ils comptent sur le choc de la surprise pour tétaniser les résistances et faire « passer la pilule » des réorganisations. De l'avis de certains patrons, sans cette stratégie de communication, « les restructurations auraient du mal à passer auprès des salariés ».

La deuxième stratégie de communication, celle de la **« tierce personne »,** est une alternative à la stratégie du « silence » pour les directions d'entreprise qui manquent de courage. Le top management, ne se sentant pas en capacité d'annoncer une restructuration, l'organise *via* le canal des médias. En lâchant discrètement l'information à la presse, la direction charge cette dernière d'annoncer ce qui est déplaisant à communiquer.

> C'est ainsi que les salariés de Toys'R'Us ont appris le grand plan social de 2003 en écoutant la radio sur leur lieu de travail.

L'avantage, pour la direction d'entreprise, semble indéniable : éviter de prendre directement l'onde de choc due à l'annonce pour laisser le *middle management* la gérer et gagner du temps. Cette stratégie laisse généralement l'encadrement dans le désarroi et dans l'improvisation totale pour faire face au mécontentement des salariés. Pris en défaut par la direction, il leur devient difficile de défendre auprès de leurs collaborateurs un projet dont ils n'avaient pas connaissance et à l'intérieur duquel ils se sentent si peu considérés, n'ayant pas été informés. À quelques rares exceptions près, les managers, irrités par ce type d'attitude dite de la « patate chaude », condamnent le projet et rejoignent le camp des opposants au changement. Cette stratégie, loin de faire l'unanimité des experts, continue à faire des émules, bien qu'elle desserve la légitimité du projet et celle des managers.

Montrer sa conviction est un vecteur de confiance dans les périodes où le doute s'installe et où le changement devient inéluctable. Pour agir dans ce sens, la troisième stratégie de communication, dite de la **« certitude »**, est la plus employée. Elle consiste à présenter des scénarii qui ne sont crédibles que pour ceux qui les formulent. L'objectif est triple : maintenir un climat social favorable à la production, rassurer l'ensemble des salariés et conserver les plus compétents. L'exagération est un moyen de redonner le moral aux troupes. C'est ce qui conduit certaines directions à vendre des faits qui sont purement amplifiés, voire fictifs. Ainsi, certains comités de direction, pour sauver ce qui peut l'être, adoptent cette stratégie qui leur semble la mieux adaptée aux circonstances.

> Ce fut le cas du P-DG de Vivendi Universal, Jean-Marie Messier (surnommé J2M), qui, la veille de son départ, communiqua des perspectives positives, alors que les résultats financiers étaient négatifs et que les analyses des spécialistes du marché annonçaient l'effondrement. En juin 2001, il assurait à ses administrateurs que le Groupe n'avait quasiment pas de dettes. En septembre, que ces dernières ne dépassaient pas les 8,5 milliards d'euros. En décembre, qu'elles étaient de 14 milliards. Et, au final, les administrateurs découvrirent que le montant brut de l'endettement dépassait les 23 milliards d'euros à la fin de l'année. En sortant du conseil, Henri Lachmann (Schneider), Jean-Louis Beffa (Saint-Gobain), Jean-Marc Espalioux (Accor) et Bernard Arnault (LVMH) ne se sentaient pas à l'aise. Tous avaient le sentiment que Jean-Marie Messier ne leur avait pas tout dit. Le lendemain, le P-DG tint le même discours optimiste à la presse et aux analystes. *« Le Groupe va plus bien que bien*, assura-t-il. *Quant aux pertes, elles ne sont que "comptables". »*
>
> Annonçant quelque temps plus tôt, dans un discours qui restera dans les annales de l'entreprise, l'avènement du plus grand Groupe, J2M sera acculé à la démission deux ans plus tard, le 30 juin 2002, laissant au passage un Groupe surendetté.

Un extrait du discours de J2M du 11 décembre 2000 est à ce titre éloquent sur les ambitions de certains patrons à tenir des situations qui leur échappent : *« Ce lundi 11 décembre 2000 sera pour nous tous un jour pas comme les autres, celui de la naissance officielle d'un formidable Groupe, leader mondial de la communication et des médias : Vivendi Universal. Dès aujourd'hui, Vivendi Universal, société globale cotée à New York, à Paris et à Toronto, devient votre groupe. Cette réalité physique, à nous tous maintenant d'en faire une réalité humaine, vivante et chaleureuse. Vous êtes la plus grande richesse de Vivendi Universal. Chacun d'entre vous est un acteur essentiel pour écrire la nouvelle page de notre histoire commune. Ensemble, nous allons créer, encore et toujours, des images, des musiques, des services, en tirant parti des oppor-*

tunités uniques que nous offrent nos positions stratégiques dans les activités de contenus, d'agrégation Internet et de distribution. Ensemble, nous allons créer un monde nouveau où le consommateur, le citoyen du nouveau siècle, pourra recevoir toutes les informations, les divertissements et les services de son choix sur tous les écrans de sa vie quotidienne. Ensemble, nous allons créer une entreprise hors du commun, multiculturelle, généreusement ouverte sur le monde et sa diversité. Grâce à la conjugaison de tous vos talents, nous pouvons être l'entreprise préférée des consommateurs parce que nous serons le groupe mondial de communication le plus en phase avec la société de demain. Avec vous et grâce à vous. Bienvenue dans Vivendi.»

À l'inverse des précédentes, il existe des stratégies qui sont **respectueuses** des salariés, comme celle dite de la «transparence», ou celles qui sont médiatisées par le canal des «partenaires sociaux» ou de «l'encadrement».

Il est assez rare de constater, dans les périodes de réorganisation, une communication basée sur la «transparence». Elle demande du courage, et les directions n'en ont parfois pas beaucoup. Cette stratégie demande aux dirigeants d'être totalement limpides sur la réalité économique, financière et les perspectives de l'entreprise. Pour des raisons à la fois d'incompétence managériale pour certains, d'absence de courage pour d'autres, le tout dans un contexte économique défavorable, les directions y ont peu recours. Pour autant, quelques unes l'emploient.

> Ce fut le cas lors du plan social de Thyssenkrupp Sofedit en 2004. Le directeur nouvellement nommé pour redresser l'établissement prit le problème à bras-le-corps et annonça lui-même le plan social à l'ensemble des salariés, aux cadres et aux instances syndicales, en étant clair sur tous les indicateurs. Cette communication, à défaut de tout résoudre, eut le mérite de limiter le sentiment d'injustice et d'insécurité chez le personnel, et de soulever chez un grand nombre de salariés plus de force d'adhésion que d'opposition au redressement du site.

Concernant les deux dernières stratégies de communication évoquées ci-dessus, leur emploi dans les entreprises où le modèle managérial est plutôt participatif, comme dans les mutuelles, est assez fréquent. Cette communication, organisée *via* le canal des managers ou des représentants du personnel, montre le respect que les dirigeants portent à leurs salariés et à ces instances. En étant informé, l'encadrement peut à son tour communiquer sur le changement, répondre aux questions des collaborateurs, et enfin garder une certaine légitimité.

La forme du message

Cette communication, pour être efficace, impose deux conditions : l'information donnée doit être présentée de telle sorte que le changement apparaisse comme positif, et elle doit être adaptée au public concerné.

La première condition, qui sonne comme une évidence, est de communiquer de façon positive sur le changement. Or, dans un contexte de rationalité limitée[1], tout projet de changement comporte des avantages et des inconvénients. Bien entendu, il faut espérer qu'il comporte plus d'atouts que de défauts. Ce qui n'est pas toujours le cas, si l'on en juge par le nombre de changements avortés, repoussés, ou tout simplement remis en cause[2] par la suite. La méthodologie consiste à baser sa communication essentiellement sur les aspects positifs en s'appuyant sur le bon vieux principe selon lequel il vaut mieux « voir la bouteille à moitié pleine, plutôt qu'à moitié vide ».

La seconde condition d'une communication efficace est qu'elle doit impérativement être adaptée aux salariés concernés. Généralement, le contenu des communiqués rédigés par les directions porte sur les avantages du changement d'un point de vue purement économique ou financier. Ces informations internes sont distillées du haut vers le bas de l'organisation avec le même contenu et ce, quel que soit le niveau hiérarchique des destinataires. La raison invoquée est toujours la même : maîtriser le contenu de façon à ce que tout le monde ait le même message.

Les pratiques en la matière sont diverses et variées. Cela peut aller du support PowerPoint à la note de service interne adressée à l'ensemble des salariés. Suite à une réunion d'encadrement animée par le gouverneur de la Banque de France sur l'avenir de cette institution et les transformations proposées, la direction de

1. Comme le soulignait Michael Porter, compte tenu du système complexe dans lequel vit une direction, la décision qu'elle peut prendre peut être satisfaisante, mais jamais optimale.
2. Après être passées d'un système taylorien à une organisation élargie (basée sur la polyvalence) et enrichie (les ouvriers héritent des responsabilités généralement dévolues au contremaître), au motif de l'amélioration du travail et de la réduction des coûts, les papeteries Canson sont revenues à l'ancien système, il y a deux ans.

la communication a remis à l'ensemble des participants une clé USB. À l'intérieur, sous format PowerPoint et Word, se trouvaient le contenu du discours à transmettre aux collaborateurs et les évolutions proposées. Si cela révèle une volonté de cohérence de la direction quant à la diffusion de l'information, il n'en reste pas moins évident que le contenu du message reste standard et nécessite une adaptation permanente des cadres aux différents interlocuteurs. Ce qui n'est généralement pas fait.

La volonté de cohérence va, pour une fois, à l'encontre des conditions de réussite du projet de changement, car les intérêts des différents acteurs de l'entreprise ne sont pas les mêmes selon qu'ils sont syndicalistes, managers, salariés ou administrateurs.

Pour les syndicats et l'ensemble des salariés, l'annonce des transformations doit présenter les objectifs du changement sous l'angle de l'amélioration des conditions de travail et d'emploi. Tandis que pour les managers, l'intérêt des transformations se trouve, par exemple, dans l'amélioration du contexte d'animation d'équipe.

La direction de la communication doit adapter le message en mettant en avant les avantages des évolutions proposées eu égard aux intérêts de chacun. Il est donc primordial d'avoir une communication personnalisée, adaptée aux différents publics. Cette condition satisfaite, il ne reste plus qu'à structurer son communiqué interne selon la méthode FCCCAP, de telle sorte qu'il soit efficace. Cette technique de communication facilite l'annonce d'un changement et permet, quelles que soient les circonstances, d'informer rapidement tout en restant synthétique. Les vertus d'un message étant de dire l'essentiel sans trop en dire.

Cette méthode se décompose en six temps. Le premier temps consiste à présenter les **faits** liés aux changements proposés. Il s'agit ici d'être très factuel, concret, précis et d'éviter de faire, à ce stade, l'analyse de la situation. Le communiqué énonce ensuite, dans un deuxième temps, les **conséquences** des faits relevés pour le client externe ou interne, l'entreprise, les équipes, et de façon plus individuelle pour les salariés. Pour être efficace, les conséquences doivent aller du niveau macro (mondial, national, etc.) vers le niveau micro (équipe, collaborateurs). Dans un troisième temps, il s'agit d'annoncer les **transformations envisagées**, puis, dans un quatrième temps, d'en exposer les **caractéristiques**. Les caractéristiques étant ici les éléments constitutifs du projet de changement, elles doivent être présentées en fonction des destinataires du changement et de leurs besoins. À titre d'exemple, les besoins peuvent être la sécurité, le confort, l'argent, etc. Il est donc nécessaire de prendre les caractéristiques qui sont en corrélation avec les besoins du public concerné. Dans un cinquième temps la direction, pour vendre son projet de transformation, présente les **avantages** des caractéristiques exposées, toujours au regard des salariés concernés par les transformations. Enfin, dans un sixième temps, pour terminer de convaincre quant aux **bénéfices** des évolutions proposées, le message doit présenter les éléments de preuve attestant de la viabilité du projet, au regard d'expériences réussies par d'autres entreprises sur les mêmes types d'évolution.

Processus de communication d'un changement

Items	Contenus	Exemples
Faits	– Dire les faits.	Les coûts de production ont augmenté de 15 %.
Conséquences	– Présenter les conséquences négatives de ces faits relevés pour l'organisation, les équipes et chacun des collaborateurs.	Les conséquences pour : – l'entreprise : une perte de rentabilité de 20 % ; – les équipes : des difficultés au niveau de la cohésion, de la motivation, et l'apparition d'émotions telles que la frustration, la colère, car il y a moins de travail, etc. ; – chacun : des conditions qui se dégradent et la peur de perdre son emploi.
Changement	– Énoncer la modification de l'organisation du travail.	Nous avons donc décidé, après avoir passé au crible plusieurs hypothèses, de licencier les postes en doublon et dont la charge de travail est insuffisante.
Caractéristiques	– Présenter les éléments caractéristiques du changement.	Le changement proposé permettra de conserver 500 emplois avec une charge de travail normale pour chacun des salariés, et de réduire les coûts de production.
Avantages	– Mentionner les avantages que peuvent avoir les caractéristiques du changement.	Les avantages de cette mesure seront à terme : un retour à la compétitivité ; la possibilité de rendre pérenne l'entreprise ; la sauvegarde d'une partie des emplois.
Preuves	– Apporter la preuve que le changement est efficace.	Un concurrent, la société X, a dû procéder à une restructuration portant sur une réduction de 50 % des effectifs. Il s'avère aujourd'hui qu'il a retrouvé la croissance nécessaire à sa pérennité et qu'il a pu réembaucher 25 % du personnel licencié.

En conclusion de ce chapitre, il est primordial de prendre conscience de l'importance du rôle du comité de direction dans la conduite du changement, tant du point de vue de son exemplarité et de sa solidarité que de sa capacité à communiquer efficacement en direction des destinataires du changement. Sans oublier, au préalable, d'informer l'encadrement de proximité des mesures prises, de façon à ne pas le mettre en porte-à-faux vis-à-vis des équipes.

Et si la tête de l'entreprise a une grande part de responsabilité dans la conduite des affaires et des évolutions, le *middle management* a aussi la sienne, en étant au contact quotidien des destinataires du changement.

Chapitre 2

L'animation des équipes par le CŒUR de l'organisation : le management intermédiaire

- Manager le changement au sein des équipes
- Mettre en œuvre les cinq leviers du changement
- Interpréter les émotions pour ajuster son management

Le *middle management* joue un rôle essentiel dans la conduite des réorganisations, car il est en charge de mettre en place la stratégie d'entreprise au plus près du schéma cible. Définis comme le cœur et faisant partie du centre vital du système organisationnel, les managers sont le relais opérationnel du top management. Garants de l'efficacité des transformations, ils gèrent au mieux les hommes afin que la modification des activités soit une réussite.

Les managers ont pour mission de donner du sens à l'action de leurs collaborateurs. À cette fin, ils doivent s'approprier l'intention de l'entreprise et la vision des évolutions annoncées. À cette condition, et si les évolutions proposées ont du sens, ils pourront communiquer en toute sérénité, sans être pris en défaut. Car, généralement, l'absence d'information conduit inéluctablement les managers à se livrer à leurs propres interprétations des faits, ce qui crée des divergences par rapport à l'intention réelle des directions d'entreprise et provoque des dégâts collatéraux importants.

Malgré cela, de nombreux exemples montrent qu'une grande majorité d'entreprises ne sait pas ou ne communique pas sur les enjeux du changement. Elles se contentent de l'imposer, la légitimité du comité de direction suffisant (croient-elles) à rendre indiscutables et non justifiables leurs orientations. Quand, de surcroît, certaines directions font l'erreur de faire du changement un objectif, une finalité et non une méthode pour être plus performant ou pérenne, les managers se retrouvent désemparés. Le pire étant quand le changement se résume au chemin à emprunter pour satisfaire le désir de mégalomanie d'un dirigeant, et n'est donc pas le fruit d'une nécessité, comme ce fut le cas pour J2M lors des différents rachats d'entreprises.

En donnant du sens, les managers permettent de nourrir la motivation des collaborateurs, de lever leurs doutes, leurs incompréhensions et de transformer les perceptions négatives à propos des changements en opportunités pour les équipes et l'entreprise.

Dans cette période de transition où la distance entre les salariés, l'encadrement et la direction augmente, les managers doivent, plus que jamais, être proches de leurs collaborateurs. En étant à côté d'eux, les cadres vont voir, sentir les réactions de l'équipe, et ainsi gérer les résistances au mieux des intérêts du projet.

Placés au centre de cette construction sociale, les managers sont aussi responsables d'évaluer, de demander et de donner les moyens pour que leurs collaborateurs puissent s'adapter à cette « nouvelle donne ». Formation, coaching et autres moyens tels que financiers, humains, logistiques, matériels... sont là pour faciliter le passage d'un état présent à un état attendu.

Ces missions et activités requièrent trois compétences, qui s'avèrent être des capacités essentielles pour accompagner le processus de changement. Il est fondamental :

- de communiquer de façon interpersonnelle ;
- d'écouter les émotions des collaborateurs ;
- de repérer et corriger les défaillances du projet de changement.

MANAGER LE CHANGEMENT AU SEIN DES ÉQUIPES

Il arrive plus que de coutume que les dirigeants ne définissent pas de stratégie d'action à suivre pour conduire certains changements, jugés comme étant de peu d'importance. L'absence d'envie ou de compétence pour le faire, voire des deux, fait qu'ils laissent le soin à l'encadrement de gérer les transformations souhaitées. *« Je suis parti bille en tête, sans me préoccuper de savoir ce que mes collaborateurs en pensaient. J'ai essuyé un tel refus qu'il a fallu l'intervention de la direction pour rétablir une situation qui puisse nous permettre de mettre en œuvre le changement »*, nous confie Charles, responsable logistique dans l'industrie alimentaire.

Évaluer leur degré d'engagement

À l'annonce d'un changement, le manager doit être en capacité d'évaluer rapidement le degré d'adhésion globale de son équipe au projet. Il construira cette évaluation à travers une estimation individuelle des postures de chacun de ses collaborateurs. Aura-t-il affaire à une forte opposition ou, au contraire, devra-t-il travailler simplement quelques poches de résistance au sein de l'équipe ? Cette évaluation sera prépondérante pour que le manager ajuste ses comportements au mieux des intérêts du projet, de l'équipe et de ses collaborateurs pris individuellement.

Les différentes recherches faites par des consultants, ajoutées aux constats opérés lors de mes interventions, font apparaître six attitudes potentielles que peuvent adopter les salariés au regard d'une proposition de transformation : l'opposant silencieux, l'opposant exprimé, l'opposant négociateur, les hésitants, l'engagé passif, l'engagé actif.

Nous retrouvons ces postures à chaque étape du processus de changement, comme le montre le schéma ci-après.

Cartographie du degré d'adhésion au changement des membres de l'équipe

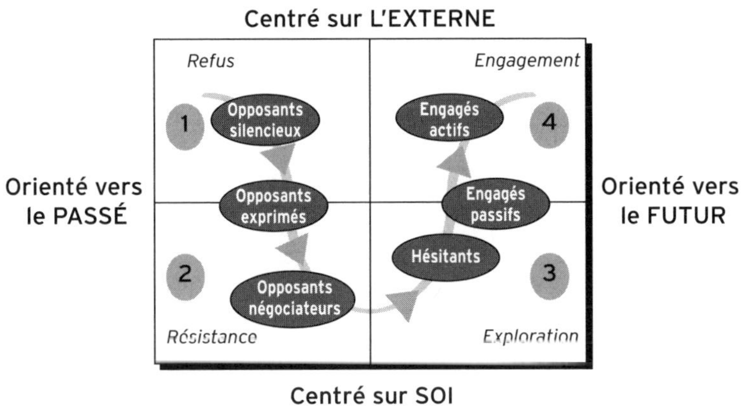

Dans le cas d'un changement déjà annoncé par la direction de la communication, le manager sera en capacité d'évaluer la posture de chacun des membres de son équipe à travers leurs réactions et leurs commentaires. La connaissance de son équipe viendra affiner son estimation et ajuster au mieux ses tactiques d'action pour conduire le changement.

Dans le cas où les mutations ne sont pas encore annoncées, il ne reste plus au manager qu'à sonder son équipe en l'informant lors d'une réunion collective ou, de façon plus intimiste, lors d'entretiens individuels.

Quand le changement est total, l'ensemble des cartographies établies par chaque manager de l'entreprise doit être compilé en une seule représentation, afin que la direction puisse se rendre compte du degré d'adhésion au projet et définir sa stratégie d'action.

Définir leur position cible

En possession des informations sur le degré d'adhésion de ses collaborateurs, le manager est alors capable d'établir une topographie des différentes coalitions possibles. Cette représentation distingue l'attitude actuelle (x) de chaque collaborateur vis-à-vis du projet de changement par rapport à la position cible désirée (o) par le manager. La position souhaitée pour un collaborateur peut varier en fonction de sa personnalité, et un manager pourra se contenter du fait qu'il soit seulement un « engagé passif ».

> En 2003, la direction d'une usine de conditionnement française décide de revoir les processus d'intervention des agents de maintenance. L'objectif : améliorer la réactivité dans les opérations d'entretien, à travers une plus grande polyvalence des agents de maintenance et la mise en place de processus qualité. Cependant, avant de proposer les évolutions, la direction souhaite connaître le degré d'adhésion de chaque membre de l'équipe. Elle a conscience qu'en cas de résistance au projet ils peuvent bloquer la production. Le P-DG charge Simon, chef de service de l'atelier de maintenance, de réaliser cette évaluation.
>
> Comme il est facile de le constater, la cartographie du service montre que la majorité de l'équipe (4 collaborateurs sur 6) a une posture d'opposition aux transformations proposées. Il est évident que cette opposition majoritaire doit faire l'objet d'une conduite du changement « intelligente » et non brutale.

Cartographie des coalitions possibles au sein d'un service

	Opposant silencieux	Opposant exprimé	Opposant négociateur	Hésitant	Engagé passif	Engagé actif
Jacques						X
Henri	X	→	→	→	→	O
Philippe	X	→	→	→	→	O
Paul		X →	→	→	O	
Daniel		X →	→	→	O	
Christine						X

X : position actuelle
O : position désirée

Coalition d'opposants (Opposant silencieux, Opposant exprimé, Opposant négociateur) — Coalition des engagés (Engagé passif, Engagé actif)

> L'importance, pour Simon, d'avoir une vision précise des stratégies à mettre en œuvre était manifeste : *« Paul et Daniel étaient des "vieux de la vieille", extrêmement compétents et très écoutés au service entretien de l'usine. Leaders d'opinion, ils étaient clairement opposés au projet qui leur ôtait une grande part de pouvoir. Ils étaient capables de bloquer la production, si je n'arrivais pas à un compromis avec eux. En les retournant, je gagnais les autres qui suivraient leur position. »*

Dans cette période de transition, l'objectif du manager est de conserver une équipe performante et cohésive, alors que les positions de chacun sont différentes, les difficultés inévitables et les émotions fortement présentes à l'épreuve des mutations.

> *« Nous devions assurer la maintenance au quotidien et en plus mettre en œuvre les nouveaux processus conformément au plan de restructuration. Les interventions, nombreuses en cette période, épuisaient les gars, et les conflits devenaient quotidiens durant cette phase de transition »*, relate Simon.

Dès lors, il est évident que le responsable hiérarchique doit fournir à ses collaborateurs tous les moyens nécessaires pour qu'ils franchissent le premier pas, et que la position de chacun évolue favorablement d'une posture d'opposition vers l'engagement. Il doit amener chacun des membres de son équipe à un niveau où il n'est plus un frein, mais un levier d'action pour conduire efficacement les transformations. Dans les moments difficiles, le manager doit plus que jamais garder à l'esprit que les résistances sont nécessaires à l'engagement futur des destinataires du changement, et utiles au projet.

La tactique d'animation d'équipe repose donc sur la capacité du manager à maintenir l'esprit d'équipe, autrement dit le lien existant entre ses membres, de façon à ce que des clans ne se forment pas et fassent voler en éclats le collectif.

Dans cette optique, il a la possibilité d'adopter des attitudes différentes et complémentaires vis-à-vis des membres de son collectif. Cette action intelligente repose sur deux conditions de réussite : d'une part, maîtriser le processus de changement et, d'autre part, avoir une communication adaptée à chacun des collaborateurs.

ADOPTER LA BONNE ATTITUDE POUR FACILITER LEUR ENGAGEMENT

Selon le degré d'adhésion de chacun des membres de l'équipe, il est important que le supérieur hiérarchique prenne l'attitude la plus adaptée à la posture adverse.

Face aux **opposants silencieux ou passifs**, le manager doit s'armer de patience et éviter toute agressivité qui pourrait venir renforcer l'opposition au projet, non seulement pour des raisons de fond, mais aussi de forme. Le supérieur hiérarchique doit continuer à s'intéresser à eux et ne pas les délaisser au profit de ceux qui sont enthousiastes vis-à-vis du projet. *«Dans cette période difficile, j'avais pris appui psychologiquement sur les porteurs du projet au sein de mon équipe»*, relate Jean-Yves, ancien responsable d'un service comptabilité. *«Je préférais passer du temps avec ceux qui m'appuyaient, plutôt qu'avec ceux qui résistaient. Mal m'en a pris. Cela a créé des clans et monté les uns contre les autres. Mon équipe est, depuis ce changement, divisée.»* Aucun des collaborateurs d'une équipe ne doit être négligé ou laissé de côté. Ils font tous partie d'une équipe et ont un prix. À ce titre, il ne faut en perdre aucun.

Le manager devra être persévérant avec les **opposants exprimés** et accepter, respecter et gérer leurs résistances. Tout en restant ferme sur l'objectif, il doit chercher à les comprendre et, si besoin, honorer le passé auquel ils font référence. Ses collaborateurs n'ont pas raison, ils ont leurs raisons. Patrick, manager de l'entité contentieux pour un groupe de service téléphonique, témoigne de sa difficulté à tenir compte des résistances : *«J'avais été recruté pour réorganiser l'entité car elle perdait de l'argent. Fort de mon expérience et de cette légitimité, convaincu que mon recrutement suffirait à faire accepter les changements auprès de mes collaborateurs, j'ai exigé dès mon arrivée que l'on mette en place certaines modifications. Au bout de trois mois, rien n'avait changé dans le service. Mes subordonnés faisaient de la résistance passive ou active. Certains continuaient à faire comme avant et d'autres montraient l'incohérence des propositions faites au regard du contexte d'entreprise. Cela avait le don de m'agacer. À la moindre remarque, je m'énervais. Et plus je m'énervais, plus je légitimais leurs griefs et leurs résistances. C'était devenu un cercle vicieux, duquel je ne savais pas comment me sortir. Je ne comprenais pas que mes collaborateurs puissent résister à l'évidence. Ce n'est que plus tard, avec le recul et le feed-back de mon manager, que j'ai* *compris que si j'avais raison de mettre en place un certain nombre de modifications, la façon dont je conduisais la réforme du service était maladroite.»*

Concernant les deux formes d'opposition décrites ci-dessus, le manager doit opter pour une posture de coach et délaisser le plus souvent possible celle du supérieur hiérarchique autoritaire. Il doit avoir la capacité d'écouter, de questionner, de reformuler pour permettre à son collaborateur de réfléchir aux opportunités que le changement peut lui offrir. À l'inverse, il doit éviter d'imposer ses opinions qui, mal présentées, peuvent justifier et catalyser les résistances des opposants. *«Plus j'essayais de convaincre mon équipe des bénéfices des évolutions exigées, alors que je ne maîtrisais pas tous les paramètres, plus je leur donnais du grain à moudre et l'occasion de résister aux arguments que j'avançais. J'ai arrêté de vouloir commenter leurs positions, me contentant de les faire réfléchir par le biais de questions. En arrêtant d'alimenter le dialogue par mes arguments pour les laisser se battre avec leurs propres opinions, j'ai pu les amener progressivement à transformer leur point de vue. Il m'a juste fallu faire preuve de patience et contrôler mon envie de m'opposer à eux.»*

L'adversité procure aux opposants de multiples ressources pour faire obstacle au changement. Il est donc essentiel pour un manager de ne pas l'alimenter par une posture inappropriée.

Un individu en phase de rejet puise son énergie dans la perception qu'il a du changement au regard de ses propres intérêts et des arguments qui lui sont opposables. De nombreuses raisons peuvent alimenter ses griefs : son travail s'appauvrit, ses copains sont mutés, les déplacements sont plus longs entre son domicile et l'entreprise, etc. Ensuite, il alimente son opposition du repos réflexif qu'il obtient par l'alternance des temps de parole et de silence au cours de l'entretien. Durant le temps où le manager livre ses opinions, le collaborateur récupère et réfléchit pour mieux contre-attaquer. Il obtient un certain nombre d'arguments qu'il utilise par la suite pour finir d'éroder la patience de son manager. Enfin, cette opposition se nourrit des émotions exprimées par les autres et, en l'occurrence, par la colère de son manager qui s'en prend à lui.

Que faire pour gérer cet écueil dans la gestion des émotions ? Il n'y a qu'une seule stratégie, celle dite de la «volée». Cette tactique, empruntée au monde du tennis, consiste à rester au filet et à imposer son jeu de volée. À une opinion «claquée» du fond de court, le manager va renvoyer la balle à l'aide d'une question ou d'une reformulation sur les opinions de son collaborateur. Il l'oblige à réfléchir en maintenant la balle dans son camp. En ne répondant pas aux attaques, critiques et opinions du collaborateur, et en le conduisant à réfléchir à ce qu'il dit, le plus longtemps possible, le manager l'épuise et l'ampute de toutes les ressources dont il a besoin pour alimenter ses résistances.

Dans le même temps, les questions et les reformulations que le manager oppose visent à orienter la réflexion du collaborateur, et donc son énergie, vers les bénéfices du changement proposé.

Cette compétence de manager coach le sert pour amener son collaborateur à être en conflit positif avec lui-même. Il y a encore quelques heures, il était en opposition avec son manager. Il est maintenant en conflit avec ses propres opinions sur le sujet. En agissant ainsi, le manager garde toutes ses ressources intellectuelles et émotionnelles pour réguler au mieux la pression que la situation d'opposition génère, en lieu et place d'une colère qui pourrait l'épuiser et le conduire à l'erreur managériale.

La gestion des **opposants négociateurs** impose au manager d'appliquer deux principes clés de la négociation : le principe du «gagnant-gagnant» et le respect des engagements signés. Le premier principe repose sur le fait que chaque partie gagne quelque chose à changer sa position ou ses exigences vis-à-vis de la situation. On s'installe alors dans le compromis positif où chacune des parties abandonne et gagne quelque chose. Le second principe repose sur le fait que les accords passés engagent les parties. Elles se doivent de les respecter, sous peine de remettre en cause la confiance posée dans cette relation. «*L'entreprise étant en grande difficulté financière, nous avons dû procéder à un plan de sauvegarde de l'emploi, suite aux négociations âpres et dures qui ont été menées. Contre la garantie de ne pas recourir à d'autres licenciements sur une période de quatre ans, les syndicats s'engageaient à ne pas bloquer la production de l'usine. C'était la moindre des choses si nous voulions sauver ce qui pouvait l'être*», nous confia le DRH d'un groupe alimentaire.

Une négociation a pour obligation, quelles que soient les circonstances, de rester conforme à l'objectif initial poursuivi par la réorganisation, afin de ne pas la vider de sa substance.

Les plus instables à gérer sont les **hésitants** car, selon les résultats qu'ils obtiennent et les ressources émotionnelles et intellectuelles dont ils disposent, «*un jour ça va et un autre pas*». Il est donc pertinent que le cadre se centre sur la performance, et non sur le résultat.

Mais que recouvrent les notions de « performance » et de « résultat » ? Afin de répondre à cette question, j'utiliserai une métaphore sportive. Un athlète court habituellement le 100 mètres en 15 secondes. Au cours d'une compétition, il réalise 14 secondes sur la même distance. Il a été performant, ayant amélioré son chrono de 1 seconde, ce qui, sur cette distance, est conséquent. Pour autant, ses résultats sont médiocres car il termine au 28e rang sur 60. En conséquence, un collaborateur peut être performant et ne pas avoir de résultats.

Au même titre que le coach sportif, le manager ne doit pas attendre que le succès arrive pour valoriser ses collaborateurs. Il est tenu de se focaliser sur les efforts accomplis, de les reconnaître et ce, même s'ils ne sont pas porteurs de résultats probants. Il a l'obligation de les soutenir et, dans les moments de doute, de les recadrer vers l'objectif. Comme l'exprime Jean-Marc, chef de service d'une plateforme de gestion d'appels dans une compagnie d'assurances : « *J'avais, au sein de mon équipe, une grande partie de collaborateurs qui s'étaient rendus à l'évidence : le changement était inéluctable. Pour autant, ils restaient hésitants sur la pertinence et l'intérêt du projet. Cela se traduisait par un certain nombre de remarques ou de comportements mal assurés qui impactaient la performance. Ils étaient encore loin du niveau attendu. Toutefois, je m'interdisais de faire des remarques négatives durant cette période, valorisant exclusivement le chemin qu'ils parcouraient.* »

Enfin, concernant les **engagés passifs ou actifs**, l'obtention de leur adhésion définitive suppose de respecter deux postures managériales : parvenir à tempérer l'enthousiasme qu'ils témoignent tout au long du projet et éviter qu'ils critiquent les opposants déclarés.

La tempérance vis-à-vis des engagements trop vite donnés est essentielle. Le manager est tenu de modérer l'entrain de certains, pour que cet engouement ne se retourne pas contre eux au moment de découvrir les problématiques posées par le changement. Il y a parfois une adhésion trop rapide des « engagés », donnée sans analyse préalable des conséquences des transformations proposées sur leurs devenirs professionnel et personnel. Ayant consciemment ou inconsciemment trop positivé les retombées sans les mesurer vraiment, ils se sont insuffisamment interrogés sur les effets négatifs du changement pour avoir la capacité de les accepter ou de les refuser réellement. L'expérimentation progressive de ces conséquences peut alors éroder leur enthousiasme initial. Devenus instables sur les plans intellectuel et émotionnel, ils peuvent changer d'attitude à la moindre défaillance.

D'après mon analyse, quelquefois cette acceptation répond plus à une incapacité à refuser le projet qu'à une adhésion à celui-ci.

Le manager doit donc valider la compréhension que les engagés ont des évolutions, pour qu'ils ne se retournent pas ensuite contre lui et l'organisation. *« J'ai, par le passé, eu un collaborateur très engagé dans un projet de réorganisation d'une entité dans laquelle j'officiais. Après qu'il ait témoigné de son entrain, la mise en œuvre lui révéla un certain nombre de contraintes qu'il n'avait pas imaginées. Sentant qu'il perdait des prérogatives, il devint du jour au lendemain radicalement opposé au projet. Sa résistance fut d'une telle virulence que nous avons été conduits à nous séparer de lui, avec regret. C'était un collaborateur important et compétent. Nous l'avons perdu par manque d'habilité à le gérer dans une période de mutation »*, nous expliquait un cadre lors d'un de nos séminaires sur le changement.

Enfin, le cadre doit veiller à ce que l'entrain des engagés ne soit pas une source de conflits au sein de l'équipe, à travers les critiques qu'ils pourraient formuler vis-à-vis des opposants. En exigeant de ses collaborateurs le respect des divergences d'opinion comme source d'enrichissement, le manager entretient un état d'esprit positif, nécessaire à la confiance et à la coopération. Il en va de l'existence même de l'équipe qui doit survivre aux changements.

En outre, pour mobiliser les engagés de telle sorte qu'ils restent dans le collectif et qu'ils ne soient pas une source d'opposition, le manager doit faire en sorte qu'ils partagent leurs compétences avec les autres membres de l'équipe. C'est l'occasion de lier les collaborateurs entre eux par une solidarité de situation. Il permet aux engagés de voir dans les opposants une opportunité de se valoriser.

J'ai, dans cette partie, présenté « pourquoi » et « comment » un manager devait respecter les différentes postures au sein de l'équipe afin de permettre à chacun de passer d'une phase à l'autre. Cependant, cette lucidité dans l'action ne suffit pas pour rendre efficace la conduite du changement, encore faut-il savoir communiquer.

METTRE EN ŒUVRE LES CINQ LEVIERS DU CHANGEMENT

La communication interpersonnelle a un rôle primordial dans les périodes de transition, car elle permet, d'une part, de sonder la position de chacun des collaborateurs vis-à-vis du changement et, d'autre part, de faire évoluer les attitudes d'opposition vers un engagement définitif.

Toutefois cet accompagnement, pour être efficace, requiert un management de proximité qui permette de former, contrôler, valoriser les efforts et mesurer les résultats des collaborateurs. Sans oublier le droit à l'erreur, qui est un principe fondamental à accorder et à respecter dans les périodes de transition.

DIALOGUER POUR CONVAINCRE

Le manager doit manœuvrer au plus juste des intérêts des parties prenantes des réorganisations. Pour assumer cette mission, il doit être fin stratège en comportements et expert en communication interpersonnelle. Donner du sens, écouter, amener son collaborateur à réfléchir aux opportunités du changement proposé, demande au responsable de s'adapter au degré d'engagement de son collaborateur, que celui-ci soit au plus bas de l'échelle d'adhésion comme au plus haut.

Processus de communication en situation de changement

Niveaux	Attitudes du salarié	Objectifs du manager	Stratégies de communication du manager
5	Engagé actif	Être référent et récompenser	Je conforte sa position
4	Engagé passif	Le rendre actif	Je dynamise, je cherche l'accord
3	Hésitant	Faire réussir et lui donner confiance	Je soutiens, je le valorise
2	Opposant négociateur	Obtenir un accord	Je négocie un accord
1	Opposant exprimé	Identifier les bénéfices secondaires et les freins au changement	J'écoute
0	Opposant silencieux	Connaître sa position	Je suscite la discussion

Le premier pas à accomplir est de susciter la communication chez chacun des membres de son équipe, afin de connaître leur position vis-à-vis du changement et de mettre à jour les stratégies qui en découlent. Pour éviter de se polariser sur ceux qui s'expriment ouvertement et avec virulence, et leur donner trop d'importance, le manager doit donner la parole au reste de l'équipe. Engagé dans la partie, il fait preuve de beaucoup de qualités pour accepter émotionnellement l'opposition et l'inconfort qui peuvent grandir à l'écoute de ceux qui ne se sont pas exprimés (et qui peuvent rejoindre le camp des opposants). Le droit à la liberté d'expression de tous est important pour tous, y compris pour ceux d'entre eux qui ont un niveau de communication réduit, voire inexistant (souvent l'opposant silencieux et l'engagé passif).

À partir de la connaissance des différentes attitudes des membres de l'équipe, la finalité de l'action managériale est de faire évoluer la position de chacun d'entre eux vers l'état désiré. Au fil du temps, des réunions et des entretiens individuels, le manager va coacher chacun de ses collaborateurs du niveau où il s'est positionné vers le niveau supérieur et ce, jusqu'à ce que sa posture ne soit plus un frein au changement. En l'occurrence, le niveau qui n'est plus un frein au changement est celui de l'« engagé passif ».

Il est évident que, selon les circonstances, la personnalité des destinataires du changement et les impacts que peut avoir ce dernier sur leur vie professionnelle et personnelle, l'évolution de leur perception sera plus ou moins rapide. À ce stade, le manager doit faire preuve de patience et d'une grande stabilité émotionnelle.

Pour se donner les plus grandes chances de réussir et d'accompagner le changement de façon efficace, il est fondamental, pour un manager, de protéger ses collaborateurs de l'échec. Pour cela, un certain nombre de mesures peuvent être prises : leur accorder le droit à l'erreur, les défendre des critiques externes, les former et contrôler leur travail.

Reconnaître le droit à l'erreur

La période de changement correspond, pour un salarié, à une période de vulnérabilité avec une modification des jeux de pouvoir dans l'organisation. Il n'est plus sûr d'avoir les mêmes avantages et la même autorité sur son activité.

Il est tout d'abord jugé sur les résultats obtenus. Il a conscience des risques encourus s'il n'atteint pas les objectifs fixés, conscience qui sera d'autant plus grande que la nécessité du changement n'est pas occasionnée par un dysfonctionnement, mais par la volonté de préparer l'avenir. Pour éviter trop de pressions négatives, il faut que l'organisation et le manager reconnaissent au salarié le droit à l'erreur. Car si une trop grande quiétude n'incite pas à l'innovation, une trop grande insécurité incite à l'immobilisme. *« Trop à cheval sur la performance, à travers un niveau d'exigence élevé, je refusais les échecs de mes collaborateurs. Je m'emportais, ce qui avait pour conséquence de les amener à ne plus vouloir prendre les risques nécessaires à l'action. Je récoltais l'inverse de ce que je recherchais »*, nous confie Henri dans une interview réalisée sur le thème de la compétence du manager en période de changement.

Protéger de l'extérieur

Dans les périodes de mutation, la confiance est ce qui manque le plus. Loin d'avoir atteint le niveau de maîtrise exigé, les collaborateurs ont besoin de se sentir épaulés et protégés pour avancer. Ils sont en droit d'être exigeants et de réclamer de leur manager comme de la direction indulgence et confiance. *A fortiori*, quand le travail réalisé impacte d'autres services, et que ces derniers ne se gênent pas pour critiquer. *« Les résultats n'étaient pas bons, et cela me mettait en difficulté car je devais en faire part à mon patron. Pour autant, j'avais confiance en mes collaborateurs et en ce que nous faisions. Je savais que cela allait finir par payer. Dans cette période de transition, j'ai appris à les protéger des griefs de ma direction comme de ceux des autres services. Cela a renforcé ma légitimité auprès de mon équipe »*, avouait Pierre, quand je lui demandais quelles étaient les qualités d'un manager de transition.

Cette protection rassure le collaborateur qui, encore « peu » compétent, inquiet des « retours de bâton » possibles des clients internes ou externes, subit une forte pression. Cette dernière, quand elle est mal régulée par le manager, conduit très souvent à trois types de comportements négatifs : l'agressivité, la manipulation ou la fuite. Quand à cela s'ajoute l'incivilité grandissante des clients, le stress est là pour faire « péter un plomb ». En assumant les résultats, le manager tient son équipe éloignée de la pression et des attitudes « non conformes » à ce qu'un client est en droit d'attendre.

Former pour rassurer

Seulement, vouloir protéger les salariés en leur accordant le droit à l'erreur et en les préservant de l'externe ne suffit pas à passer le cap. Encore faut-il qu'ils aient les compétences pour le faire. Il est donc fondamental de les former pour leur donner les moyens de leur performance. L'annonce d'un nouveau dispositif génère quasi systématiquement de l'anxiété chez les destinataires du changement, car s'ils ont les compétences pour gérer l'organisation actuelle, ils n'ont pas toujours celles exigées pour assumer les transformations opérées. De la projection de leur capacité à s'adapter va dépendre leur engagement ou leur résistance au projet. Afin de limiter l'anxiété et les oppositions qui en découlent, la direction des ressources humaines doit prévoir un volet formation pour accompagner le changement. À défaut, les dégâts causés peuvent être importants.

> Un grand institut de sondages français en a fait l'amère expérience, il y a maintenant quelques années. Suite à la mise en place d'un nouveau système informatique, 5 % des salariés sont devenus dépressifs et partiellement inaptes sur le plan professionnel. L'audit réalisé après coup révéla, entre autres, l'absence d'un plan de formation adéquat aux besoins des salariés.

Que le volet de la formation soit lourd ou léger, il a pour vocation de rassurer et de donner confiance en soi pour assumer le changement. Il a, également, pour finalité de procurer les compétences nécessaires afin d'acquérir le niveau de performance utile à l'organisation. En permettant aux collaborateurs d'être formés et d'acquérir de l'assurance, il devient possible de faire évoluer les opinions et de les mener vers l'engagement.

Contrôler pour valoriser et recadrer

Dans ces phases de transition où l'apprentissage se fait hésitant, et où la performance est faible, il est nécessaire de donner des repères utiles aux subordonnés. Ainsi, à la première erreur, ceux-ci pourront corriger le tir et se remettre sur le droit chemin. Pour satisfaire cet objectif, le manager doit être proche de ses collaborateurs et contrôler ce qui doit l'être. En évaluant leur compétence, il leur permet de prendre conscience du chemin parcouru et de ce qu'il reste à faire. Le manager saisit tous les éléments matériels favorables pour les convaincre qu'ils sont sur la voie. Il les valorise et, à ceux qui s'égarent, indique le chemin à suivre. Certains managers ont vécu le succès de cette proximité, comme Jacques qui nous relate son expérience : *« Suite à un audit du service, la direction m'a demandé de mettre en place une nouvelle organisation du travail au sein de mon département. Ce projet ayant redessiné les périmètres d'activité de chacun de mes collaborateurs, cela allait être un changement radical. Bien qu'ils n'y soient pas fortement opposés, je me suis employé, durant cette période, à garder ma porte ouverte et à tenir compte de leurs remarques. Je les ai réunis plus souvent que de coutume, et j'ai dégagé du temps pour les accompagner sur leur nouveau poste et leur faciliter l'acquisition des compétences. Alors que le projet avait été planifié sur neuf mois, il a été réalisé en six mois de temps. »*

Le manager, à l'écoute du travail de ses collaborateurs et des besoins qui en découlent, doit être aussi à l'écoute du dispositif global pour en déceler les qualités ou les éventuels défauts. Pour ce faire, il peut utiliser un formidable outil : l'écoute des émotions.

INTERPRÉTER LES ÉMOTIONS POUR AJUSTER SON MANAGEMENT

Tout au long d'une réorganisation, le manager est tenu d'informer régulièrement sa hiérarchie de l'avancée des travaux, entre autres pour ne pas laisser filer des opportunités de redresser la barre en cas de dérive. Dans cette optique, il doit relever tous les éléments matériels comme les dysfonctionnements afin d'alimenter les multiples tableaux de bord sociaux, techniques, économiques et financiers dont a besoin la direction pour piloter le changement.

Cependant, la dimension rationnelle ne suffit pas à établir un diagnostic complet, et il est nécessaire d'y ajouter la dimension émotionnelle. En étant à l'écoute des émotions de son équipe, le manager va pouvoir sonder l'efficacité du changement proposé et mis en œuvre. Conscient des forces et des faiblesses des transformations initiées, il a une vision globale et possède la capacité de faire remonter les informations plus qualitatives que quantitatives, utiles pour corriger ce qui doit l'être, au regard des méthodes et des moyens engagés, par exemple.

Les cinq dimensions dans la conduite du changement

Pour conduire efficacement le changement, les directions d'entreprise et les responsables de projet doivent prendre en compte, dans leur préparation et leur accompagnement, les cinq dimensions suivantes :

- la vision;
- la compétence des destinataires du changement;
- la motivation des collaborateurs;
- les moyens octroyés par l'organisation pour y faire face;
- le plan d'action à mettre en œuvre.

Identifier les faiblesses du projet de changement

Comme le montre le schéma ci-après, j'ai pu constater à plusieurs reprises que l'absence de qualité dans le traitement de l'une ou l'autre de ces dimensions occasionne des réactions émotionnelles chez les salariés. Du sentiment de pagaille au sentiment de confusion, en passant par la frustration des collaborateurs, les salariés seront dans tous leurs états. Le simple fait de repérer les émotions permet de connaître ce qui manque au projet.

Lien entre les défauts d'un projet et les émotions ressenties

Les cinq dimensions du changement						
VISION	SAVOIR-FAIRE	MOTIVATION	MOYENS	PLAN D'ACTION	→	Expressions
Confusion	SAVOIR-FAIRE	MOTIVATION	MOYENS	PLAN D'ACTION	→	*« C'est la confusion. »*
VISION	**Anxiété**	MOTIVATION	MOYENS	PLAN D'ACTION	→	*« Je suis anxieux. »*
VISION	SAVOIR-FAIRE	**Faux départ**	MOYENS	PLAN D'ACTION	→	*« On avance doucement. »*
VISION	SAVOIR-FAIRE	MOTIVATION	**Frustration**	PLAN D'ACTION	→	*« Je suis frustré. »*
VISION	SAVOIR-FAIRE	MOTIVATION	MOYENS	**Pagaille**	→	*« C'est la pagaille. »*

En 2007, j'ai été sollicité avec d'autres confrères par une compagnie d'assurances pour faire un diagnostic d'une réorganisation en cours. La mise en œuvre des nouvelles procédures de traitement des dossiers clients était peu acceptée et soulevait de nombreuses résistances, qui mettaient à mal la productivité de certains services de l'entreprise et sa stratégie de compétitivité.

La réalisation d'interviews auprès des gestionnaires d'assurances nous a permis de rendre compte d'un nombre important de défaillances dans la conduite du projet.

Les premières interviews révélèrent l'expression partagée du sentiment de **désordre**. *« C'est la vraie pagaille au sein du centre de gestion. Certains services connaissent les nouvelles procédures et les mettent en œuvre. Les autres continuent à faire comme avant. Quand les différentes interprétations des processus ne se heurtent pas entre elles sur le terrain. Leur mise en place dépend aussi des chefs. Quelques-uns y sont réfractaires et n'exigent pas que leurs collaborateurs les utilisent »*, nous confiait Jacques, un gestionnaire d'assurances. Il est évident que ce projet de changement avait été mis en œuvre sans un plan d'action qui puisse mettre toutes les équipes au même niveau d'acquisition et d'intégration des procédures. Il aurait permis de faire en sorte que tout le personnel soit formé en même temps et de la même manière.

Un peu plus tard, un salarié d'un autre service nous jeta, en colère : *« Je suis **frustré**, car je n'ai pas le temps de prendre du recul sur ce qu'il m'est demandé de faire. Nous sommes toujours dans l'urgence. Alors, je fais comme avant. »* Dès les premiers mots, nous savions déjà qu'il lui manquait les moyens et notamment le temps pour réfléchir, se poser et intégrer les nouvelles procédures. Le manager n'organisait pas de réunions de débriefing sur ce qui avait été fait, ce qui restait à faire, les réussites et les difficultés encore rencontrées. Les salariés étaient livrés à eux-mêmes et isolés, confrontés à leur propre incapacité à faire. Il manquait les points d'étapes en équipe qui sont, dans ces périodes, un temps fort pour prendre du recul et sortir le « nez du guidon ».

La réponse d'Hervé, à qui nous demandions s'il avait pu mettre en place les nouvelles procédures, fut hésitante : *« J'ai commencé à les mettre en œuvre, mais je ne comprends pas leur **intérêt** et, de ce fait, je n'y ai pas recours systématiquement. Et puis, j'ai l'impression d'être le seul à les appliquer, ce qui ne m'incite pas à aller plus loin. »* L'analyse des propos d'Hervé nous amena à conclure qu'il y avait un manque de motivation à s'adapter au changement, du fait d'une incompréhension du sens des procédures et d'une application partielle au sein du service. Plus tard, à l'écoute des autres membres du service, nous pûmes nous rendre compte que le manager peu motivé lui-même par le dispositif incitait faiblement ses collaborateurs à travers les informations qu'il leur donnait. Ce diagnostic révéla qu'il n'était pas le seul à être peu impliqué dans ce processus. La direction n'avait sûrement pas dû elle-même motiver et informer suffisamment ses managers pour qu'ils puissent être des relais efficaces sur le terrain.

Une grande majorité des salariés interviewés exprima le même témoignage que celui de Christine : *« Je n'ai pas* ***compris*** *les nouvelles procédures. Cela me rend malade de les mettre en place. »* Ces deux phrases suffisent à identifier la peur de mal faire chez cette collaboratrice, du fait de son absence de compétence pour gérer les nouvelles procédures. Un peu plus tard au cours de l'entretien, elle avouera : *« Le chef nous a donné le recueil de procédures sans aucune explication et il nous a demandé de les appliquer sans faire d'erreur. J'en tremble chaque fois qu'un client appelle. La peur de mal faire et de mal dire me conduit à écourter la conversation en n'étant jamais certaine du bien-fondé de mes réponses. Si je vais voir mon manager, et dans l'hypothèse où je me suis trompée, j'essuierai sûrement ses foudres. »* L'enquête révéla plus tard l'absence de dispositif de formation aux motifs qu'il aurait *« été coûteux en temps »* et que, de toute façon, *« l'intégration des procédures ne l'exigeait pas »*.

Enfin, l'un des gestionnaires interviewés, Henri, formula parfaitement le sentiment d'errance auquel était soumise la grande majorité de ses collègues de travail : *« C'est la* ***confusion*** *totale. La direction comme les managers ne nous disent pas où on va et pourquoi on a remplacé les anciennes procédures par les nouvelles. »* L'enquête nous révéla que, pour annoncer ce projet qui impactait plus de 2 000 salariés sur 10 000, la direction avait fait part du changement à l'aide d'une simple note de service. Son contenu stipulait la date à laquelle il devrait être mis en place et le fait que les gestionnaires disposeraient bientôt d'un recueil d'instructions devant faciliter son application. Le message ne mentionnait en aucune manière les objectifs poursuivis et les éléments explicatifs qui pouvaient convaincre le personnel de changer. Seuls le « comment » et le « quoi » étaient exprimés. La direction avait oublié de communiquer le « pourquoi », autrement dit le sens de l'action, indispensable à la création d'énergie positive pour conduire les transformations nécessaires.

L'absence d'explications sur les objectifs de la réorganisation n'était pas sans conséquences sur la motivation des cadres à mettre en place le changement. Outre que ces nouvelles procédures bousculaient leurs habitudes et remettaient en question le niveau de performance des services, les managers avaient du mal à expliquer le bien-fondé de la démarche, n'ayant pas eux-mêmes les éléments d'explication relatifs à cette stratégie. Comme le témoigna discrètement un des cadres rencontrés au cours de cette intervention : *« Il m'est difficile de demander à mes collaborateurs d'appliquer ces procédures, n'étant pas moi-même convaincu du bien-fondé de cette démarche. »*

Le maintien des objectifs de productivité et le défaut de moyens, conjugués à l'absence d'accompagnement des managers vis-à-vis des gestionnaires, incitaient ces derniers à faire comme avant, justifiant leurs priorités par l'urgence des dossiers à traiter au détriment de l'application des nouvelles procédures. La mise en œuvre de ce projet révéla aussi un manque de coordination flagrant entre les acteurs, puisque certains services disposaient de supports écrits et d'autres pas. En dernier lieu, l'absence de contrôle par les pilotes du projet de l'application des procédures entraînait une disparité dans leur mise en place au sein même du département.

Conclusion

Les réactions intellectuelles, émotionnelles et corporelles des individus face aux changements rendent encore plus évidente l'importance de l'encadrement, qu'il s'agisse du top management ou du *middle management*. Si le premier est porteur d'une logique d'entreprise dans les transformations proposées, le second impulse un rythme et utilise au mieux l'énergie du corps social pour réussir le pari d'amener les salariés à s'adapter aux nouvelles conditions d'emploi. Il stimule l'envie, transmet le sens et gère au mieux les blocages qui vont émerger au fur et à mesure de l'avancement du projet. L'ensemble de l'encadrement doit comprendre que les résistances s'accompagnent, s'utilisent et ne se combattent pas.

La motivation et l'adhésion à un processus de transformation sont fondamentales, car c'est ce qui fait la différence entre un changement mis en œuvre et un changement réussi. Le succès d'un projet n'est pas seulement reconnaissable aux évolutions organisationnelles instaurées, mais aussi à l'acceptation de celles-ci par leurs destinataires.

Il faut donc beaucoup de qualités à l'encadrement pour être à l'écoute des hommes, et jauger à la fois leur degré de compréhension, d'adhésion et apprécier la performance de chacun. C'est grâce à la proximité intellectuelle, affective et physique des cadres dans ces périodes que le changement aura des chances d'être une réussite.

Pour autant, la difficulté n'est pas tant le changement que l'extrême rapidité des remises en cause imposées par les directions d'entreprise. Il est admis statistiquement que 100 changements s'opèrent en moyenne par jour dans les entreprises. Le changement est devenu une constante, car il est perçu comme un facteur clé de succès et une façon de s'adapter aux marchés qui dictent leurs lois. Aussi, les transformations se succèdent au rythme des journées qui passent, et ce qui a été mis en place la veille est déjà jugé inefficace et remis en cause le lendemain. Ce qui pose le problème du sens de l'action. Comment peut-on croire à ce que l'on nous demande de mettre en œuvre aujourd'hui quand, la veille, le système qui était proposé présentait déjà toutes les vertus et qu'il est à ce jour devenu obsolète ?

Derrière toute transformation se pose aussi la question de l'identité personnelle car, dans chaque geste accompli pour réorganiser, il y a beaucoup d'investissement personnel, d'énergie, et donc de tension pour régler la mire de l'efficacité au travail. Or, quand cette dernière est atteinte et en même temps remise en question du jour au lendemain, la frustration et la colère apparaissent chez les salariés. Ils ont l'impression, d'une part, de subir quelque chose qui n'a pas de sens et, d'autre part, de se sentir inutiles, leur avis ayant peu de poids dans les décisions de l'entreprise.

Afin de contenir l'émergence des tensions, l'encadrement doit savoir réguler la pression en veillant à la bonne expression des émotions. Loin de les étouffer, autrement dit de les contrôler, il doit faire en sorte qu'elles puissent vivre, sans qu'elles soient une gêne pour le collectif. Car ce qui ne s'exprime pas s'imprime. Il en va du devenir des mots des salariés qui, s'ils ne sont pas exprimés et écoutés, se transforment vite en maux.

Partie III

La pression comme source de performance

« La pression consiste à devoir faire
une chose pour laquelle
vous n'êtes pas vraiment préparé. »

Harvey Mackay

Alors que la crise ne fait qu'accentuer le phénomène, les salariés sont depuis quelques années en proie à une pression de plus en plus forte. La dernière enquête du journal *Management* révèle un taux anormalement élevé[1] de stress chez l'ensemble des salariés. Ce qui n'est pas sans présenter un réel danger pour la pérennité de l'entreprise, la performance et la santé des salariés.

Bon nombre d'experts s'accordent pour désigner comme facteurs stressants la culture du résultat, les nouvelles technologies, la réduction du temps de travail et les changements incessants opérés dans les organisations. Pour autant, quelles que soient les causes génératrices de pression, c'est la façon dont l'encadrement gère la pression qui accentue la charge psychologique ressentie par les collaborateurs. Pour 25 % des sondés, le stress est dû aux comportements de leurs managers, eux-mêmes sous tension. Comme le souligne Eric Albert : « *L'effort doit porter sur la formation des managers, car leur valeur ajoutée première est d'agir comme régulateur de stress vis-à-vis de leur équipe. Il faut donc leur apprendre à gérer leurs propres émotions, mais aussi à gérer le stress de leur équipe, et à le réguler au sein de l'équipe selon les besoins et la capacité de chacun à l'absorber*[2]. » Qu'elle soit considérée comme un facteur clé de succès ou qu'elle soit la conséquence des différentes politiques de restructuration, la pression finit par saper le moral des équipes, et les conduit à vivre dans l'anxiété permanente. Comme pour toute chose, l'excès d'emploi d'une stratégie d'action finit par aller à l'encontre des objectifs qu'elle poursuit.

Les salariés sous tension excessive perdent la lucidité, l'attention, la concentration nécessaires à la performance. Préoccupés par l'idée d'éviter de mal faire, et en même temps occupés à faire le travail demandé, les salariés commettent des erreurs. En conflit, car obligés de choisir entre une stratégie d'évitement et une stratégie d'objectif, ils se mettent en échec, ce qui fait dire à 63 % des sondés que

1. Selon une enquête réalisée en 2006 auprès de 1 653 lecteurs sur le stress au travail, le taux est de 6,2 sur 10.
2. Fondateur et dirigeant de l'Institut français d'action sur le stress (IFAS).

le stress a un impact négatif sur leur travail. Pris en faute, ils sont mis au banc des accusés, pour être étiquetés « pas compétents », « pas motivés », « trop coûteux » et, en définitive, « pas à leur place au sein de l'entreprise ». Considérant hâtivement les conséquences (sous-performance), les effets (stress) et non les causes (les modes de management), les entreprises continuent à privilégier l'externalisation de cette main-d'œuvre jugée, selon elles, « inadaptée », plutôt qu'à réussir le changement en interne.

Contrairement aux sportifs de haut niveau, entraînés à gérer la pression et à faire d'elle un moteur de l'action, l'ensemble des cadres qui portent les changements n'a jamais été formé à cela. Ils font comme ils peuvent, avec plus souvent que de coutume un niveau de stress élevé qui vient s'ajouter à celui ressenti par l'équipe pour faire de cette dernière une « vraie cocotte-minute ». Or, le stress est une énergie qui sert à s'adapter à l'environnement, et ce n'est seulement que par excès de mobilisation qu'elle devient une maladie. C'est être placé sous tension négative permanente, de façon régulière et intense, qui rend malade. En ce sens, jouer avec la pression comme moteur de l'action, c'est comme jouer avec le feu ; on finit par se brûler. Pour autant, il n'est pas simple de gérer cette tension de telle sorte qu'elle reste positive pour soi et pour les autres. Aujourd'hui, compte tenu des multiples changements mis en œuvre dans les entreprises et des effets qu'ils induisent, savoir gérer la pression est devenu une compétence majeure, essentielle pour tout responsable d'équipe. Cette aptitude à rester stable dans les situations où tout s'enchaîne et concourt à la fragilisation de soi et de son équipe sera, dans les années à venir, un des critères principaux d'accès à la fonction d'encadrement.

Dès lors, la question est de savoir comment un manager peut recevoir la pression du mieux possible, la gérer et la transmettre à l'équipe sans qu'elle soit trop basse ou trop élevée, afin qu'elle soit de nature et d'intensité appropriées à en faire un facteur de succès.

Dans cette optique, nous présenterons dans un premier chapitre les outils qui permettent à un manager de gérer au mieux, sur le plan personnel, la pression qui l'entoure et qu'il ressent. Puis nous aborderons dans un deuxième chapitre les solutions à mettre en œuvre afin qu'il puisse transmettre au mieux la pression au sein de son équipe, et donc à ses collaborateurs. Enfin, dans un troisième chapitre, nous dessinerons les contours d'une organisation anti « stress négatif », salutaire pour l'équipe et le reste de l'organisation.

Chapitre 1

Comment le manager doit-il gérer sa propre pression ?

* Être lucide : comprendre ce qui génère de la pression
* S'entraîner à gérer la pression
* Gérer trois dimensions

Le prérequis pour gérer la pression de ses collaborateurs est d'être en capacité de réguler son propre stress. Comprendre ce qui se joue quand on est tout à coup apeuré et inhibé ou, à l'inverse, en colère et dans l'action permanente est indispensable. Cette lucidité dans l'action est le premier pas pour agir au mieux des intérêts des parties, de soi et des autres.

Les compétences à avoir pour accéder à cette maîtrise de soi sont au nombre de trois, complémentaires et indissociables :

- développer sa lucidité;
- acquérir, par l'entraînement, les comportements utiles en situation de forte tension émotionnelle et les mettre en œuvre;
- gérer les trois dimensions que sont le temps, l'autonomie et le réseau relationnel.

La lucidité, ici, s'entend par la conscience que l'on a de soi, des autres et du monde, laquelle va permettre au manager de coller au plus près de ses besoins et de ceux des autres. Pour atteindre cette conscience des choses, il doit commencer par s'approprier la compréhension des mécanismes qui génèrent du stress. Devenu lucide, il prend conscience de sa part de responsabilité dans la pression qui l'anime et qu'il transmet. Il s'offre alors l'opportunité de limiter l'impact de la pression et de changer ce qui peut l'être. Il peut ensuite s'entraîner régulièrement, comme un athlète de haut niveau, à gérer ses émotions et celles de ses collaborateurs, de telle sorte qu'elles soient génératrices de performances. Ayant acquis cette aptitude à se maîtriser, il entre dans l'action efficace et peut enfin concentrer son attention sur l'autre, et non plus sur lui-même.

ÊTRE LUCIDE : COMPRENDRE CE QUI GÉNÈRE DE LA PRESSION

DÉFINITION DE LA PRESSION

Selon l'AESST[1], le stress est un «*déséquilibre entre la perception qu'une personne a des contraintes que lui impose son environnement et la perception qu'elle a de ses propres ressources pour y faire face*». La pression est un trouble de l'adaptation qui survient lorsque la demande professionnelle ne permet pas à l'individu de s'ajuster par une réponse adéquate. Cette impossibilité peut être le résultat soit d'une mauvaise perception par le salarié de la réalité ou d'une réalité difficile, voire impossible à surmonter, soit d'une mauvaise perception de ses propres ressources et capacités à faire face à la situation.

LE MODÈLE DE KARASEK

Pour le chercheur américain Robert Karasek[2], trois facteurs exogènes sont à l'origine du stress :

- les exigences du travail (les contraintes au niveau du temps et des résultats à fournir);
- le manque d'autonomie (la capacité à décider, autrement dit la marge de manœuvre dans l'accomplissement des tâches, la possibilité d'apporter une touche personnelle à son activité, d'utiliser pleinement ses qualifications);
- la faiblesse du soutien social (de la part des collègues, des supérieurs hiérarchiques et de l'entourage familial).

Il a été prouvé qu'une combinaison de facteurs tels que la forte exigence d'une direction ajoutée à une faible autonomie du salarié et à un soutien social limité conduit à une situation de détresse et à une augmentation des risques pour la santé pouvant aller jusqu'au décès. En 2003, selon l'enquête Sumer, 23 % des salariés français se sentaient en situation de «*job stain*», c'est-à-dire amputés de la latitude nécessaire pour faire face aux exigences de leur travail. Les événements survenus chez Renault comme chez France Télécom

1. L'Agence européenne pour la sécurité et la santé au travail.
2. Dans les années 1980.

montrent, si besoin est, que cette théorie construite à partir de faits observés est encore, vingt ans plus tard, cruellement d'actualité.

Commencer par comprendre l'origine de la pression, c'est se donner la possibilité d'agir sur les facteurs stressants et d'en limiter les impacts émotionnels. Pour autant, la connaissance des choses n'a de sens qu'à partir du moment où l'on s'en sert.

S'ENTRAÎNER À GÉRER LA PRESSION

L'expérience nous amène à constater que les salariés, et *a fortiori* les managers, consacrent peu, voire pas de temps à l'entraînement, et donc au perfectionnement de soi. Combien de cadres se préparent en vue de passer efficacement toutes les épreuves managériales que leur fonction leur donne à vivre au quotidien ? Combien consacrent-ils de temps chaque jour à l'observation, à l'écoute, à l'analyse et à la décision en situation d'urgence, pour être en capacité de mettre en œuvre les postures les plus appropriées au contexte proposé ? Avons-nous déjà vu un athlète de haut niveau réussir sans s'entraîner ? Pouvons-nous imaginer une seule seconde que Laure Manaudou[1] ait pu réussir sa carrière sportive sans entraînement et sans l'accompagnement au quotidien de son coach, Philippe Lucas ? Or, combien de managers, emportés par l'action, se contentent quotidiennement d'exécuter des actes qui ne sont en rien des comportements managériaux ? À la question que nous leur posons fréquemment : *« Vous entraînez-vous régulièrement à travailler vos compétences managériales ? »*, ceux-ci répondent de façon quasi unanime et avec surprise *« non »*. Avec surprise, car en France l'entraînement au sein de l'entreprise ne fait pas partie de la culture de l'apprentissage. Un manager apprend et progresse « sur le tas », en s'appuyant essentiellement sur les feed-back pas toujours objectifs et pertinents qu'il reçoit ou qu'il sollicite. Comment pourrions-nous imaginer que l'encadrement puisse être efficace quand les cadres ont en moyenne un séminaire par an pour s'interroger sur leurs pratiques, s'entraîner à quelques exercices et se remettre en question ?

1. Championne olympique, championne du monde et d'Europe de natation.

Bien que la formation des cadres soit de qualité, elle ne suffit pas au développement des compétences. Si quelques-uns arrivent à tirer leur épingle du jeu, ayant quelques aptitudes pour le faire, il n'en va pas de même pour la grande majorité d'entre eux, qui se retrouvent en situation d'échec, comme en attestent les enquêtes de satisfaction réalisées par de grandes entreprises.

De manière plus spécifique, combien de managers s'exercent à gérer la pression lors d'un changement et à réguler celle-ci dans le but de faire face aux situations les plus critiques ? C'est en se préparant régulièrement, dans des circonstances sans enjeux et qui reproduisent un contexte défavorable, qu'ils seront prêts.

Après avoir reçu une formation leur permettant d'appréhender l'origine de la pression et comment la gérer, les managers continuent de s'exercer en étant accompagnés par un coach durant plusieurs séances. L'objectif : être serein quelles que soient les situations de changement et transmettre une pression positive aux collaborateurs.

Être performant quel que soit le domaine s'inscrit dans un processus répétitif, constitué de quatre grandes étapes incontournables et successives : savoir se préparer, passer à l'acte en situation de pression, se ressourcer, et enfin évaluer le travail accompli de telle sorte que cette évaluation vienne renforcer les compétences acquises et l'estime de soi.

1. La préparation

Pourquoi s'entraîner quand on est manager ? pour être efficace dans l'action et gérer au mieux l'inattendu des situations. Cela revient à préparer sereinement l'imprévu et à le rendre prévisible. L'entraînement consiste à « se porter attention ». Durant l'entraînement, le manager s'exerce à employer les mots et les gestes utiles avec un retour sur soi et pour soi – à l'analyse des situations défavorables. Que s'est-il passé et comment ai-je réagi ? Était-ce pertinent ?

L'entraînement est le lieu expérimental où l'on apprend sur « soi » et sur le « faire » de soi. Le manager y découvre ses réactions et ses agissements en situation d'urgence, ce qu'il faut garder et ce qu'il faut bannir de ses comportements pour faire face aux excès émotionnels. C'est au cours de ces séances d'apprentissage qu'un manager sculpte sa tête, son cœur et son corps, de telle sorte que ces trois dimensions soient opérantes en situation d'urgence et, *a fortiori*, dans les situations quotidiennes.

Certes, l'autre a peu d'importance dans un contexte d'entraînement. Mais, ayant répété les bons comportements, et les ayant rendus « réflexes », le manager, revenu sur le terrain de l'action, oubliera de s'analyser pour se centrer exclusivement sur l'autre : son équipe, son collaborateur ou, de façon plus large, son interlocuteur.

S'entraîner à quoi ? À deux choses : mettre en place un processus d'action pertinent et gérer ses émotions. Bien qu'en nous gardant ici d'aborder la gestion des émotions, tant de fois évoquée par d'autres confrères, nous nous permettrons toutefois de définir succinctement le processus d'action utile.

La démarche d'entraînement porte sur la mise en œuvre d'un processus itératif : le PADAE, qui compte cinq étapes; perception, analyse, décision, action et évaluation. L'action juste est le résultat de ce mode opératoire répété et automatisé. Ce dernier se révèle être particulièrement efficace en situation de pression. Or, si beaucoup de managers pensent l'appliquer régulièrement, les constats montrent qu'il ne l'est en réalité que partiellement. En effet, les managers sautent fréquemment une ou plusieurs étapes, que ce soit la perception, l'analyse ou, de façon très fréquente, l'évaluation de l'action. Cette dernière étape est fondamentale, car les informations qu'elle fournit au manager sont à la base de son apprentissage et de ses progrès. Sans repères, le manager se réfugie dans son « repaire », autrement dit dans sa zone de confort et ce qu'elle implique comme comportements, profitables ou pas.

La non-maîtrise du PADAE rend peu aisée la régulation de la pression car, dans la tourmente, les managers sortent difficilement de l'action pour réamorcer un processus complet. Ils continuent à agir, refusant de se poser, dépourvus de cette lucidité (perception et analyse) nécessaire pour décider correctement. Ils sont alors entraînés vers l'inéluctable : l'incompréhension et son cortège de mauvaises décisions et, par conséquent, d'actions inadéquates.

Le PADAE : le cycle de décision et d'action

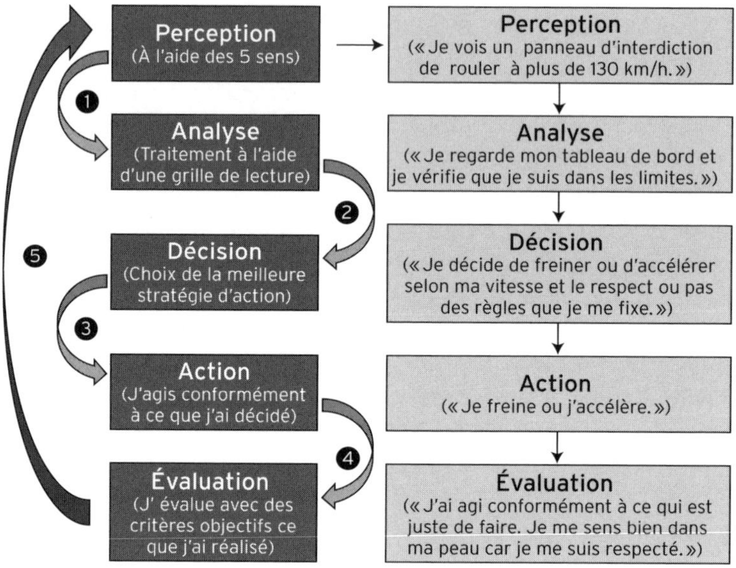

L'entraînement, outre la capacité à s'adapter rapidement et efficacement à une situation, place l'équipe dans un climat de confiance, grâce à la maîtrise des comportements idoines. Car, c'est en ayant conscience de ce qu'elle est que l'équipe peut comprendre et changer ce qui peut l'être.

2. L'EXÉCUTION

Il s'agit de faire au cours du « match » ce que le manager a fait à l'entraînement. Une fois l'étape de la préparation achevée, il est apte à passer à l'étape suivante, l'exécution sereine et maîtrisée. Voilà ce qui garantira la bonne gestion des hommes et de leurs états d'âme. Alors qu'il a été attentif à sa propre préparation, il peut être maintenant attentif et disponible pour son équipe et pour chacun de ses collaborateurs. Or, c'est généralement l'inverse qui se produit en entreprise car les managers, trop attentifs à eux-mêmes et au fait de tenir une situation qui leur échappe bien souvent, délaissent leurs collaborateurs.

3. La récupération

Récupérer, c'est savoir écouter ses besoins et ses rythmes. À ce titre, l'alimentation, le sommeil et le sport sont des aides importantes dans la gestion du stress.

Les entreprises qui ont tendance à épuiser la tête, le cœur et le corps ont rarement en interne des programmes d'entretien de ces trois dimensions. Elles laissent généralement le salarié régir seul ces aspects. De façon générale, cet élément est rarement intégré par l'entreprise dans une approche globale des salariés, et notamment des cadres, exposés à un fort taux de stress.

> Seules quelques entreprises comme Bouygues BTP organisent quotidiennement des séances d'échauffement matinales du corps.

Les autres s'en remettent au bon vouloir de leurs salariés pour gérer cet aspect-là. À tort, car ceux-ci, fatigués, en manque de temps et de moyens financiers, délaissent l'entretien de leur organisme. Ils ont moins de capacité à faire face à la fatigue et au stress qu'un salarié aguerri par la pratique sportive.

> La direction des ressources humaines de Bouygues BTP a depuis l'instauration de ces séances d'échauffement constaté une baisse considérable des accidents du travail, dont le taux est aujourd'hui proche de zéro.

C'est en combinant la pratique sportive et une alimentation équilibrée qu'il est possible de retrouver le sommeil, un confort de vie et la capacité à mieux gérer le stress.

4. L'évaluation

L'estime de soi est le résultat de nos comportements et de l'évaluation juste que nous avons de ceux-ci. Plus cette estimation de notre performance sera faite régulièrement, et de manière objective et positive, plus la pression tendra à diminuer.

Force est de constater que, lors de nos accompagnements de cadres, l'estimation qu'ils font de leurs performances reste peu précise, peu valorisante et, de ce fait, ne leur apporte pas le recul nécessaire à l'apprentissage et la progression. Définissant mal les critères de leur réussite, ils se fient à une impression générale qui les conduit de façon récurrente à mal s'évaluer. Ne s'estimant

« pas bons », ils se mettent une pression excessive qui les pousse à la faute. Ils finissent ainsi par justifier pleinement l'évaluation de leur travail par des résultats qui sont inférieurs à leurs possibilités. *« Je pensais que mon travail n'était pas à la hauteur, alors je l'investissais chaque jour un peu plus. Et plus je restais tard au travail, plus j'étais fatigué et moins j'étais bon, car je perdais toute la lucidité nécessaire à son accomplissement. Je finissais par avoir tous les comportements de quelqu'un qui n'est pas à la hauteur »*, nous confiait Jacques lors d'un séminaire managérial.

Pour réaliser une bonne évaluation, le manager doit procéder en deux étapes successives. La première consiste à identifier les critères clés qui seront évalués une fois la mission terminée. Philippe s'est vu confier la conduite d'une réunion d'information pour l'ensemble des cadres. L'objectif clairement affiché par sa hiérarchie est de faire en sorte que l'ensemble des managers soit informé des modalités de réorganisation du service logistique. Pour accomplir cette mission, il identifie les critères clés suivants :

- **maîtriser le fond** : le sujet est bien délimité en fonction de l'auditoire et du temps, le plan est explicite et jalonné de synthèses partielles, les accroches des différentes parties sont efficaces et attrayantes, etc. ;
- **maîtriser la forme** : le vocabulaire est adapté à l'auditoire. Les phrases sont structurées correctement, les illustrations viennent compléter le topo. Elles sont marquantes et mesurées, la pratique de l'humour est directe, sans sous-entendus ou acidité, l'orateur est libre vis-à-vis de ses notes. Il peut à tout moment y revenir sans pour cela s'arrêter, etc. ;
- **maîtriser le comportement** : le volume de la voix est adapté à la salle et au public – ni trop faible ni trop fort –, la diction est articulée. L'orateur fait un effort de prononciation pour souligner les mots difficiles, et donne une impression générale de calme et de dynamisme, etc. ;
- **résultats obtenus** : l'ensemble des participants a une compréhension claire de la réorganisation et peut à son tour transmettre l'information.

L'identification des critères de performance réalisée, la seconde étape consiste à évaluer après coup la prestation. Comme prévu, quelque temps plus tard, Philippe conduit sa mission et se soumet à une évaluation croisée du travail réalisé, celle de son supérieur hiérarchique et celle de l'un de ses collègues. La comparaison lui permet d'obtenir un satisfecit général pour sa performance. Bien que quelques points restent à améliorer, c'est du « très bon boulot ». Cette appréciation neutre et concrète facilite généralement l'apprentissage, et renforce l'estime de soi de manière objective.

GÉRER TROIS DIMENSIONS

La prise en compte du modèle de Karasek revient à agir, si elles sont mal maîtrisées, sur les trois dimensions qui génèrent la pression : la gestion du temps, le contrôle de sa zone d'autonomie et, enfin, la création d'un réseau de soutien.

Planifier son temps : le possible et l'impossible

De multiples enquêtes révèlent que la plupart des cadres sont débordés et sous tension. Une des causes principales : les exigences des directions et leur propre absence d'arguments pour dire *« non »* au surcroît de travail qui leur est demandé. Planifiant peu ou pas leur quotidien, ils dressent généralement une liste de tâches à l'identique de celle que nous établissons pour aller faire nos achats. La durée des activités à réaliser et leur priorité étant rarement évaluées, les managers débutent leur journée sans savoir quand elle prendra fin. L'analyse après coup de cette liste montre qu'il leur aura fallu plus de 24 heures pour réaliser ce qu'ils avaient prévu de faire au cours de leur journée. C'est donc habités par un sentiment de culpabilité qu'ils rentrent à la maison, chargés des dossiers non encore bouclés. À la question posée par leur conjoint(e) : *« Comment s'est passée ta journée ? »*, ils répondent assez invariablement : *« Je n'ai rien fait »*, ou : *« Je n'ai pas l'impression d'avoir fait grand-chose. »*

En abordant leur journée en aveugle, ils ne se donnent pas les moyens de convaincre leur hiérarchie qu'accroître leur travail ne peut se faire sans en mettre à mal l'efficacité. *« Mon patron me rajoutait chaque semaine de nouvelles actions à mener. N'ayant pas les arguments pour m'opposer à ses demandes, je les acceptais, au détriment de mes résultats car la qualité s'en ressentait. Je rentrais chez moi de plus en plus tard et subissais, outre la pression de mon patron, celle de ma famille. J'ai failli démissionner. »* Cette histoire révélatrice de l'absence de planification, et donc de la difficulté à dire *« non »* à son supérieur hiérarchique, pourrait avoir été racontée par de nombreux cadres dont la première préoccupation matinale est de rendre visible leur activité en étant dans l'action immédiate.

Dans ce contexte, il est utile pour le manager de s'astreindre à planifier régulièrement et à rendre visible son agenda pour que l'ensemble de ses partenaires (hiérarchie, collaborateurs, clients internes, etc.) connaisse ses contraintes et effectue des demandes en conséquence. Comme le fera par la suite Marc : *« J'ai commencé à planifier mon temps et à faire des* reporting *quotidiens à mon manager. Chaque fois qu'il me rajoutait du travail, je lui demandais quelle activité il décidait de sacrifier momentanément pour que je puisse accomplir ce qu'il me demandait. En général, il annulait sa demande, la prenait en charge ou la confiait à quelqu'un d'autre. »*

Planifier son temps reste régi par quatre étapes essentielles :

- faire la liste des activités de la journée (ou semaine);
- évaluer le degré de priorité de chacune d'entre elles et la durée pour la réaliser ;
- planifier de telle sorte que la somme des tâches à réaliser au cours de la journée soit comprise entre 8 et 12 heures maximum;
- et, enfin, respecter de faire ce qui a été prévu. Et pas plus.

À défaut d'une planification efficace qui mette les directions au courant de la charge de travail, il est difficile d'obtenir gain de cause. Il est aisé de comprendre que si un manager dit *« oui »* à sa hiérarchie ou à ses collaborateurs pour des activités qui ne sont pas de son domaine, il se dit *« non »* à lui pour faire ce qui est de sa responsabilité. Il est donc utile de dire *« non »* à ce qui n'est pas indispensable. Faut-il encore savoir, pouvoir et vouloir le faire.

Étendre la zone d'autonomie

Il n'y a pas de décision sans émotions, et donc pas d'action sans stress. À n'importe quel niveau de la hiérarchie, décider suppose de prendre des risques, ce qui rend difficile le fait de choisir et d'assumer ses préférences. Comme l'explique Karasek, plus les demandes d'une direction sont fortes alors que dans le même temps la possibilité d'agir est faible au regard des moyens à sa disposition, et plus la pression augmente. Pour réguler cette tension, il existe trois solutions : prendre conscience de sa zone d'autonomie, la développer par l'acquisition de compétences et, enfin, porter son attention sur la performance, et non sur le résultat.

Prendre conscience de la zone d'autonomie et en gérer les effets

Contrôler ce qui peut l'être, c'est déjà prendre conscience que tout salarié est soumis à trois zones dans l'exercice de son activité professionnelle. Une zone d'autonomie où il décide pleinement de ses actes, une zone d'influence où il demande une décision ou un moyen et, enfin, une zone de contrainte où il subit l'organisation du travail.

La zone d'autonomie d'un salarié

Zone d'autonomie	Zone d'influence	Zone de contrainte
↓	↓	↓
Je peux faire	**Je demande**	**Je subis**
Pouvoir du salarié	Pouvoir du hiérarchique ou d'une instance de décision interne à l'entreprise	Pouvoir de l'organisation ou d'une instance de décision externe à l'entreprise

À l'intérieur de sa « zone d'autonomie », un salarié décide pleinement de ses actes sur un certain nombre des activités qui lui ont été préalablement définies. C'est le cas pour un manager qui a une totale liberté d'action pour motiver, planifier, contrôler, coordonner, recadrer, déléguer, etc. Il agit sans demander l'autorisation, ayant pleinement la capacité de décider et d'intervenir. Il est dans sa zone de pouvoir.

La « zone d'influence » est caractérisée par les actions sur lesquelles le salarié n'a pas de liberté pour agir, donner ou recevoir sans demander obligatoirement l'accord de sa hiérarchie. Un manager, selon l'entreprise, est dans l'obligation de demander le consentement de sa hiérarchie pour organiser une *incentive*[1] avec ses collaborateurs, attribuer une augmentation ou commander des moyens supplémentaires. Il est dans sa zone d'influence, le pouvoir restant, sur ces activités, dans les mains de son supérieur hiérarchique ou de toute autre instance de décision.

1. Activité sportive ou culturelle, permettant de renforcer la cohésion des équipes.

Il y a enfin une « zone de contrainte », au sein de laquelle il est impossible au salarié d'agir ou de demander une modification. À titre d'exemple, dans certains secteurs, le recrutement de la personne idoine passe assez souvent par une négociation des salaires bien éloignée des standards fixés par les conventions collectives. Bien qu'il soit difficile de recruter, les directions ne donnent pas de marge de manœuvre au manager ou au recruteur pour négocier le salaire avec le candidat.

Pour autant, le contenu de ces trois zones n'est fixé que temporairement. Il peut être modifié de deux façons : soit par la direction d'entreprise, soit par la prise de pouvoir du salarié.

Le top management peut choisir, pour des raisons stratégiques, de modifier l'organisation du travail et d'agir sur ces zones en faisant évoluer leur contenu. Limiter la zone d'autonomie à quelques tâches sans importance aura pour effet de générer de la frustration, et donc de la pression. Reposant sur le système des vases communicants, une activité peut passer d'une zone à l'autre pour accroître ou limiter l'autonomie d'un salarié (cf. tableau ci-après).

À titre d'exemple, l'attribution des augmentations de salaire peut passer, selon les décisions d'une direction, de la zone d'influence à la zone d'autonomie. En actant cette nouvelle prérogative, le cadre obtient une marge de manœuvre supplémentaire pour contrôler et gérer son équipe, ce qui lui offre plus de confort et moins de stress.

Une zone d'autonomie étroite

Zone d'autonomie	Zone d'influence	Zone de contrainte
Je peux…	Je demande…	Je subis…
- Motiver - Contrôler - Coordonner - Planifier - Former - Déléguer **- Augmenter les rémunérations**	- Une formation **- Une augmentation des salaires**	- L'attribution des niveaux de rémunération (car prévue par la convention collective)

Pour gérer la pression, il est indispensable d'accepter le fait de ne pouvoir maîtriser que ce qui est contrôlable, autrement dit seulement ce qui est contenu à l'intérieur de sa zone d'autonomie.

Cette acceptation permet de rétablir, chez un individu, le dialogue et l'équilibre entre les trois dimensions que sont la tête, le cœur et le corps. Il convient de faire en sorte que le désaccord disparaisse pour que les actes soient enfin portés par ces trois forces. À ce stade, la nécessité d'un alignement entre ce que la tête veut, ce que le cœur peut et ce que le corps sait faire est primordiale. C'est accepter avec lucidité l'écart entre ce que le manager veut (tête) faire, ce qu'il peut (cœur) faire, ce qu'il sait (corps) faire, et ce qu'il est autorisé à faire.

Pour réguler cette tension, il doit organiser le dialogue interne de telle sorte que la frustration qui en découle disparaisse au profit d'une action adaptée à la situation. Dans le cas inverse, le manager se rigidifie car il est empêtré entre sa capacité à faire et l'impossibilité d'agir, n'y étant pas autorisé. Contraint à la passivité, il consomme beaucoup d'énergie pour s'empêcher d'intervenir. «*Dans l'entreprise, la direction avait mis implicitement dans la zone de contrainte la "non-conduite" des entretiens annuels. Or je savais, pour l'avoir pratiqué ailleurs, que ce dialogue annuel était un formidable outil de management. J'étais embarrassé par le fait de vouloir (tête) conduire ces entretiens dans mon service, alors que la direction n'y tenait pas. De ce fait, je n'osais (cœur) pas m'opposer à elle et les mettre en place, alors que je savais (corps) les mener et en tirer profit*», confie Laurent, ancien cadre dans les assurances. Ce conflit interne est une source de stress car les parties en présence s'opposent sur la conduite à tenir. Plus loin au cours de la conversation, il ajoutera : «*De manière générale, j'étais sous pression au quotidien, car j'avais conscience de l'utilité de ce dispositif et du handicap que je subissais. Stressé, j'étais dans l'incapacité de m'adapter à une situation où il m'était interdit d'agir conformément au bon sens. J'ai dû démissionner pour retrouver un équilibre.*»

Écartelé entre son désir de faire face à ses obligations et son confort personnel qui l'éloigne de ce qu'il doit faire, le manager se met sous pression. En agissant ainsi, Laurent a su préserver une certaine stabilité entre la tête, le cœur et le corps. Conscient que la pression naît de la volonté des parties de s'entendre ou de s'opposer, la démission était un moyen de rétablir le dialogue intérieur entre ces trois dimensions et de protéger son capital intellectuel et affectif.

À l'inverse de Laurent, bon nombre de cadres «perdent leur vie» à renoncer au développement de ce dialogue. Sous pression, ils rompent cette communication intérieure et surutilisent une dimension plutôt qu'une autre selon qu'ils sont une personnalité de tête, de cœur ou de corps.

Pour ceux dont la tête est le moteur principal, c'est la réflexion et la gestion de l'information qui dominent, au détriment des autres forces que sont la relation (cœur) et l'action (corps). Tournés vers l'introspection, ils ont peu de contacts et produisent peu. S'installe alors un déséquilibre, facteur de stress. Dans le cas de Laurent, amputé de sa capacité d'action, il ne pouvait que ruminer dans son coin, passant plus de temps à gérer ses préoccupations (idées noires) qu'à gérer ses occupations (manager son équipe).

Pour d'autres, le cœur est la mécanique de leur activité. Sous pression, le manager est plongé dans tous ses états, perd sa lucidité (tête) et sa capacité à organiser une action (corps) cohérente. Trop dans la relation et pas assez dans la réflexion et/ou l'action, il perd pied et devient anxieux, stressé, et difficile à gérer.

Enfin, pour une dernière partie d'entre eux, c'est le corps qui est surutilisé. En se jetant à corps perdu dans l'action, pour avoir l'impression d'agir, ils s'amputent de toute réflexion (tête) ou de toute relation (cœur). Ces managers n'ont plus la capacité à prendre le recul nécessaire et à agir conformément aux besoins de l'équipe et du service. Beaucoup de ceux que nous rencontrons en formation avouent ne pas prendre le temps de réfléchir à ce qu'ils font et manager leur équipe au gré de leurs agissements. À une action malencontreuse, ils réagissent par une autre action, somme toute pas plus efficace, rebondissant d'un fait à l'autre. Alors que le schéma utile devrait être action/réflexion/action, ils sont dans l'action perpétuelle, passant, entre autres, d'une instruction à l'autre, ou d'une réunion à l'autre, sans préparatifs préalables. Cette absence d'équilibre avec des temps réservés à chacune de ces dimensions est un facteur d'inefficacité, et donc de pression.

Développer la compétence pour élargir la zone d'autonomie

Une autre façon de limiter la pression est d'élargir sa zone d'autonomie en développant deux ingrédients de la performance : la compétence et la motivation (cf. schéma ci-après). Plus ces deux paramètres seront élevés chez un manager, et plus ce dernier gagnera en autonomie et en liberté d'action. En faisant preuve de professionnalisme dans sa capacité à gérer les hommes (performances) et les activités (résultats), il gagnera la confiance de sa hiérarchie et de ses collaborateurs qui, en retour, lui accorderont plus de pouvoir et de capacité à décider. Plus en confiance avec lui-même, le manager sera moins sous pression et saura préserver ses collaborateurs de celle-ci. Pour cette raison, le manager doit être un acteur de son devenir professionnel et ne pas attendre que l'organisation veuille bien se préoccuper de sa compétence. Cette volonté d'être un peu meilleur chaque jour qui passe s'inscrit dans une démarche de progrès, salutaire pour l'entreprise, l'équipe et lui-même. *« Chaque jour qui passait me confortait dans l'idée que me former et m'entraîner était la voie du succès. Conscient que manager était un métier qui s'apprend, je n'ai eu de cesse, les premières années, de partir en apprentissage entre 6 et 9 jours par an. Dès la fin de ma première année, j'ai obtenu l'aval de mon supérieur hiérarchique pour être accompagné par un coach. J'avais du mal à gérer mes émotions et la pression qui en découlait. Cela m'a permis de progresser plus rapidement dans la hiérarchie et de me voir confier des équipes plus importantes »*, nous relatait Jean au cours d'un séminaire de management.

Augmenter son autonomie

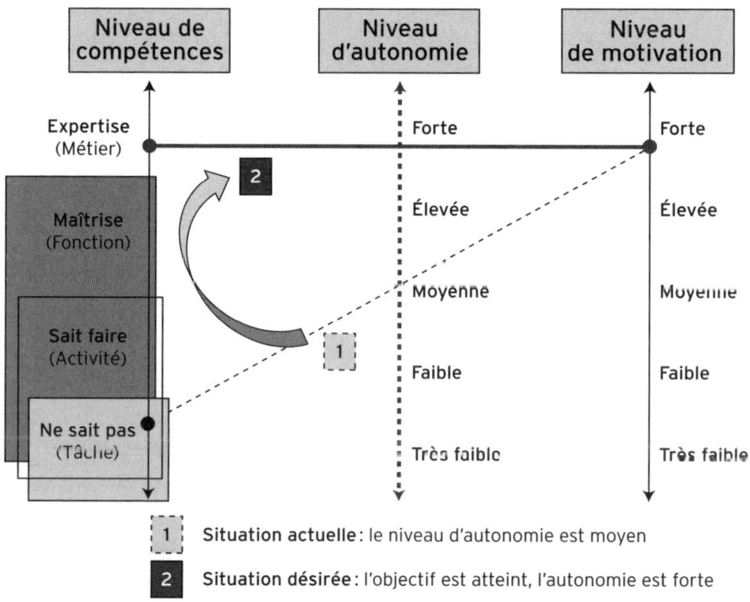

Le développement du manager constitue un gage de sécurité pour tous les actes qu'il produit. En se bâtissant conformément aux besoins de son poste, il construit sa propre sécurité intérieure et s'autorise ce sentiment de puissance qui lui permet d'influencer les autres positivement. À l'inverse, si sa sécurité est extérieure, le manager met sa destinée entre les mains de l'organisation et de son équipe, espérant qu'elles seront bienveillantes à son égard. Habité par un sentiment d'impuissance, il est rapidement influencé par les autres.

Gérer la pression, c'est d'abord développer sa compréhension des choses, sa lucidité, conditions essentielles pour un passage à l'acte efficace et adapté.

Porter l'attention sur la gestion de la performance, et non sur le résultat

Parmi tous les agents stressants, et contrairement à ce que l'on peut penser, il y en a un qui est pleinement de la responsabilité du salarié, celui qui consiste à se focaliser sur le résultat et non sur la performance. Le résultat est ce que nous poursuivons, la conséquence de nos actes; et la performance, ce que nous faisons et mobilisons (compétence et motivation) pour l'obtenir.

Cette erreur d'attention conduit à se tromper de comportement et à être sous pression, car nous ne contrôlons pas le résultat qui appartient au futur. Le résultat monopolise les pensées et entrave l'action. Au contraire, la performance, fruit de la compétence maîtrisée et de la motivation, relève du présent et est seule maîtrisable. En se concentrant sur le chemin à emprunter (méthodes et moyens à employer) et non sur l'objectif (destination à atteindre), les pensées sont orientées sur ce qu'il est possible de faire. Elles ne sont plus obnubilées par les résultats de l'action, mais portent cette dernière sereinement. C'est en prenant pour seul objet d'attention le rapport à remettre, le chiffre d'affaires à réaliser ou toute autre commande de travail que l'on perd pied.

Pour remédier à ce problème d'attention, un manager doit lâcher prise sur les aspects de son travail qu'il ne peut contrôler et agir sur ce qu'il peut dominer. *« Très régulièrement, mon supérieur hiérarchique surgit dans mon bureau et me commande une tâche au dernier moment. Cela me met la pression car je pense déjà aux résultats que je dois obtenir et à leurs conséquences sur mon évaluation. Je perds un temps fou à trouver la solution car toutes mes pensées sont tournées vers le résultat »*, explique Jeanne, responsable informatique dans une société d'investissement immobilier. Ce témoignage nous permet de comprendre l'importance de l'objet d'attention dans la gestion de la pression.

Selon le modèle de Karasek, la pression est le résultat de la manière dont chacun perçoit l'environnement (orientation de l'attention), et traite l'information (concentration). En se centrant sur le résultat, consommateur d'énergie et peu utile à la construction d'une démarche rapide et cohérente, Jeanne s'empêtre dans sa réflexion, partagée entre les résultats à obtenir et le plan d'action à mettre en œuvre. À ce stade, son questionnement est empreint des contraintes qu'elle s'impose et des obligations qu'elle se trouve : *« Je n'aurai pas le temps de tout faire, je ne détiens pas l'information pour y arriver et j'ai, cependant, l'exigence de le faire car c'est mon chef qui me le demande. »* Cet ensemble, constitué d'exigences et de devoirs, génère doute et pression. À travers la peur de l'échec et de ce que cela implique en termes de conséquences et d'effets sur lui-même, le manager donne à toute situation un enjeu capital, alors que, très souvent, il ne l'est pas.

Comme l'attention du manager est portée sur le résultat, et non sur la performance possible, la pression monte. Cette tension interne est amplifiée par l'apparition d'un phénomène de comparaison sociale qui se traduit par des injonctions ou des interrogations telles que : *« Je dois rester à la hauteur ! »*, ou : *« Pourquoi moi et pas lui ? »*

Au même titre qu'un sportif de haut niveau, le manager doit être attentif à ce qu'il peut faire pour satisfaire la demande et se concentrer essentiellement sur le chemin (la méthode et les moyens dont il dispose) pour réussir. Ayant enclenché sa réflexion et déterminé le chemin à prendre, il mobilise l'énergie du stress à bon escient pour se mettre rapidement dans l'action et remplir sa tâche. Sachant utiliser la pression et diriger son attention, le manager mobilise son énergie vers l'objectif qu'il se fixe. La pression devient alors une RESSOURCE capable de le porter loin et de le rendre efficace. À l'inverse, s'il se concentre excessivement sur son ressenti, son stress se transforme en OBSTACLE, le laissant sur place.

Daniel, directeur commercial dans un groupe international, détaille sa stratégie d'action pour gérer le stress dû à l'avion : *« Si je me focalise sur le fait que je veux arriver vivant à destination, les moindres mouvements de l'avion et les sensations qui en découlent me conduisent à être tendu comme une corde à linge. J'effectue un vol infernal avec des maux de ventre terribles. L'astuce que j'ai trouvée est de porter mon attention sur autre chose qu'une catastrophe potentielle. Généralement, je regarde un film ou je lis un livre. En agissant ainsi, je porte mon intérêt sur un autre objet que mon ressenti. »* L'habileté consiste ici à passer d'une attention interne qui se focalise sur les émotions ressenties et leur impact sur le corps à une attention externe (un film ou un livre).

La lucidité, le plaisir de surmonter l'épreuve et l'énergie du corps sont essentiels dans la gestion de la pression, comme l'écrivait Luis Fernandez : « *On joue avec son cœur, on lutte avec son corps, on gagne avec sa tête*[1]. » Alors, sachons nous y préparer...

Construire un réseau de soutien

Depuis la nuit des temps, les hommes se sont regroupés pour faire face à l'adversité et résoudre ensemble la plupart des maux auxquels ils étaient confrontés : guerres, pandémies, catastrophes naturelles, etc. Pour autant, dans l'entreprise, bien que le corps social constitué rassemble des individus autour du travail, les salariés en difficulté restent souvent isolés. Or, selon de nombreuses études, le sentiment de solitude est une des causes majeures de l'aggravation du stress. Il devient donc essentiel d'être soutenu, tant à l'intérieur de l'entreprise qu'à l'extérieur. L'existence d'un réseau relationnel diminue l'intensité de la pression et évite l'éloignement d'avec les collègues, voire d'avec la hiérarchie. Les différentes recherches médicales soulignent que la plupart des salariés victimes d'une pression élevée se sentent reclus, et donc dans l'impossibilité de s'en sortir. Quand à cela s'ajoute la peur de montrer ce stress, signe, selon eux, d'incompétence ou d'inaptitude au travail, ils se réfugient dans le mensonge. Ils affichent de l'assurance, là où le doute et la peur sont présents.

Afin de réguler cette tension intérieure, il est utile de savoir s'entourer pour parler et comprendre ce qui se passe. La présence effective d'une ou plusieurs personnes en entreprise, avec qui le manager va pouvoir échanger ou se confier, est essentielle. « *Après avoir essuyé un coup dur dans mon ancienne entreprise, je n'ai pas refait la même erreur en restant isolé par peur du qu'en-dira-t-on. Quelque temps après mon arrivée, j'ai constitué un réseau de relations professionnelles. Le contrat établi entre nous permet à chacun des membres de cette communauté d'obtenir le soutien des autres contributeurs en cas de situation difficile. Cet appui peut être simplement d'écouter l'autre, de le conseiller, voire de l'aider techniquement. Je sais que je peux compter sur l'un d'entre eux, et*

1. Préparateur mental et ancien professeur à l'INSEP, auteur de nombreux ouvrages sur la préparation mentale du sportif.

cela me rend serein au moment d'aborder certains moments difficiles », révèle Jean-Yves, responsable des ressources humaines au sein d'une compagnie de fret.

Comme déjà mentionné plus haut, dans des circonstances difficiles, le responsable d'équipe sous pression surutilise une dimension : la tête, le cœur ou le corps. Sans le savoir ou sans le pouvoir, il agit au détriment de cet équilibre salvateur qui devrait lui donner la possibilité de passer le cap en situation de changement. À ce stade, le soutien de relations professionnelles est considérable car il rééquilibre le rapport au travail en apportant les vertus des dimensions manquantes. Que le réseau soit personnel ou professionnel, il aide le manager, et de façon plus large le salarié, à pondérer en partie ou totalement la perception, la sensation ou l'action en situation de travail. En ce sens, les membres du réseau apportent de la tête (analyse), du cœur (écoute, empathie, etc.), du corps (de l'aide physique), là où il n'y a chez l'individu stressé que de la tristesse, de la peur ou de la colère. Comme le décrit fort justement Jean-Yves : *« Je suis d'une nature plutôt affective et j'ai besoin, dans les situations difficiles, que quelqu'un m'aide à mettre plus de raison, là où mes émotions s'égarent et m'empêchent d'y voir clair. »*

Au même titre qu'il le ferait pour lui-même, un manager doit être en capacité d'identifier les collaborateurs isolés et de compenser l'absence de relations professionnelles ou personnelles par une présence plus forte que d'habitude à leurs côtés. Il doit être là pour analyser, écouter et aider sur le terrain. Un collaborateur stressé est vite isolé ou s'isole, de peur de montrer son incapacité à agir. Les événements récents tendent à confirmer l'importance de la parole au travail et de l'entraide. Comme l'écrit Christophe Dejours : *« Qu'un suicide puisse se produire sur le lieu de travail indique que toutes ces conduites d'entraide et de solidarité (...) se sont effacées des usages ordinaires de la vie au travail. À la place, le "chacun pour soi" et la "solitude pour tous" sont devenus la règle*[1]. »

Pour conclure ce chapitre, je terminerai par une analogie qui permettra de prendre conscience du fait que, si les autres nous sont utiles, il faut avant tout compter sur soi. Quand le corps n'est plus capable de produire la substance nécessaire à sa survie,

1. Psychologue du travail et professeur au CNAM, coauteur avec Florence Bègue de *Suicide et travail : que faire ?*, PUF, 2009.

c'est par un apport externe qu'il résout son dysfonctionnement : la prise de médicaments. La molécule ne résout pas pour autant le trouble physiologique du corps. Elle s'y substitue seulement et permet de tenir momentanément. En conséquence, le réseau ne doit pas compenser systématiquement l'absence d'équilibre que tout individu doit savoir construire au fil du temps par l'apprentissage et l'entraînement. Le manager doit veiller à ne pas mobiliser seulement l'une des trois dimensions que sont la tête, le cœur et le corps, ce qui peut être une qualité en situation de stabilité et devenir une faiblesse sous pression. Pour sortir du piège de ce déséquilibre, il doit apprendre à faire en sorte que cette tension interne reste acceptable et positive, pour lui et pour les autres. Un seul chemin pour y arriver, celui qu'empruntent tous les matins les sportifs de haut niveau, et qui conduit au terrain d'entraînement. Comme le souligne un des managers que j'ai eu la chance de croiser : « *Celui qui refuse d'être meilleur demain, refuse d'être bon aujourd'hui.* »

CHAPITRE 2

Comment l'équipe peut-elle réguler la pression ?

- Exiger l'ambitieux et le possible
- Observer pour gérer la pression
- Assumer les résultats et manager la performance

Le stress n'est pas qu'une affaire personnelle. Il peut devenir l'affaire de l'équipe à partir du moment où, dans un mouvement «*circulaire*[1]», il se transmet d'un collaborateur à l'autre. Au même titre qu'un virus, il se propage à toute l'équipe, la rendant inapte à l'action collective. Les uns fuyant les autres pour des raisons de protection psychologique et professionnelle, un certain nombre de comportements négatifs apparaissent tels que : évitement, agressivité, manipulation, absentéisme, etc.

Pour réguler la pression au sein d'un collectif, le manager peut agir à deux niveaux : le premier est préventif, et le second curatif. Au premier niveau, préventif, l'action à conduire consiste à n'exiger que ce qui est faisable. Loin de vouloir tirer la performance collective et individuelle vers le bas, il convient d'être réaliste et de ne demander que ce qu'il est possible de faire. Au niveau curatif, deux actions sont à mener. La première consiste à rester vigilant quant aux sautes d'humeur des membres de l'équipe, et à les gérer au mieux des intérêts de l'individu et du collectif. La seconde action, que peut introduire facilement le manager, est de mettre essentiellement l'accent sur la performance, et non sur les résultats collectifs ou individuels.

EXIGER L'AMBITIEUX ET LE POSSIBLE

Trop souvent, nous constatons que le manager prend son équipe en main sans, au préalable, faire l'inventaire des forces et des faiblesses de celle-ci, sans jauger les méthodes à employer et sans évaluer les moyens utiles pour atteindre les objectifs que sa hiérarchie lui fixe. Combien d'organisations demandent aux futurs managers, pour ne parler que des débutants, de remettre une feuille de route afin d'apprécier le projet qu'ils ont pour eux, pour l'équipe

1. Patrick Bouvard.

et pour l'entreprise ? Combien d'entreprises valident la nomination d'un cadre, sans même qu'il ait établi cette feuille de route qui permettrait de jauger sa vision du métier et ses prédispositions à encadrer ? Les directions d'entreprise comme la hiérarchie, trop focalisées sur les résultats, se contentent généralement d'imposer ou de négocier les objectifs sans vérifier que le chemin choisi est le bon. Une majorité de managers prend les attributs du poste : le statut, la rémunération, le bureau et la place de parking pour ensuite, peut-être, s'interroger sur la stratégie à adopter afin de mener à bien sa mission. Ils sont, à ce stade, déjà en position de faiblesse car ils peuvent difficilement négocier les aménagements nécessaires pour satisfaire aux exigences des directions. Quand ils sont en poste, ils confondent objectifs, méthodes et moyens, ce qui les rend vulnérables pour se protéger et défendre leur équipe face aux objectifs irréalistes qu'on leur impose et à la pression que ceux-ci génèrent. Seule solution à cette fuite en avant : évaluer avec justesse la performance de l'équipe pour n'accepter que des objectifs réalistes et réclamer les moyens qui vont avec.

Évaluer la performance de l'équipe

Le manager doit estimer la performance de l'équipe et accepter seulement ce qu'il peut être ambitieux de faire. À partir de cet état des lieux réalisé tant au niveau de l'équipe que de chacun de ses collaborateurs, il établit sa stratégie, qui doit les conduire vers la réussite. Pour définir sa feuille de route, le manager va agir en trois temps :

- évaluer les différents degrés de maturité des collaborateurs et, par addition de ceux-ci, le niveau d'autonomie de l'équipe ;
- décider en commun des objectifs appropriés pour développer la compétence ;
- valider la stratégie et accompagner chaque membre dans sa réalisation.

Au regard de deux paramètres que sont la motivation et la compétence, il est possible d'évaluer le degré de maturité de chacun des équipiers au sein d'un collectif. Pour le démontrer, une approche schématique a le mérite de permettre une vision globale du niveau d'autonomie générale de l'équipe et de sa juste performance. Le manager complète cette vision globale d'une démarche plus spécifique orientée vers les collaborateurs.

Les quatre types de collaborateurs selon leur degré d'autonomie

Niveau de performance	Niveau d'autonomie	Catégorie de collaborateurs	Observations
Élevé	Fort	Les collaborateurs «**très motivés et très compétents**».	Ils sont très autonomes et sont reconnus comme les piliers de l'équipe. D'un niveau de performance élevé, ils contribuent largement à la réussite de l'équipe.
Moyen	Modéré	Les collaborateurs «**peu motivés et très compétents**».	Il y a deux catégories : – les salariés ayant une longue ancienneté et étant à quelques années de la retraite ; – les salariés frustrés ou mal gérés.
Insuffisant	Faible	Les collaborateurs «**très motivés et peu compétents**».	Il y a deux catégories : – les «juniors» ; – les salariés ayant pris un poste dans l'équipe suite à une reconversion ou une mobilité interne.
Faible	Très faible	Les collaborateurs «**peu motivés et peu compétents**».	Remarque : «Il n'y a pas de salariés incompétents dans l'entreprise. Il y a juste des salariés qui ne sont pas à leur place dans le poste.»

En se servant de la cartographie des niveaux d'autonomie, le manager élabore une représentation rapide et pertinente de son équipe au regard de la performance globale de chacun de ses collaborateurs.

Paul, manager d'une équipe de quatre commerciaux, conduit une évaluation et dresse une cartographie du degré de maturité de l'équipe avec pertinence, comme le montre le schéma ci-après.

Cartographie des niveaux d'autonomie de l'équipe de Paul

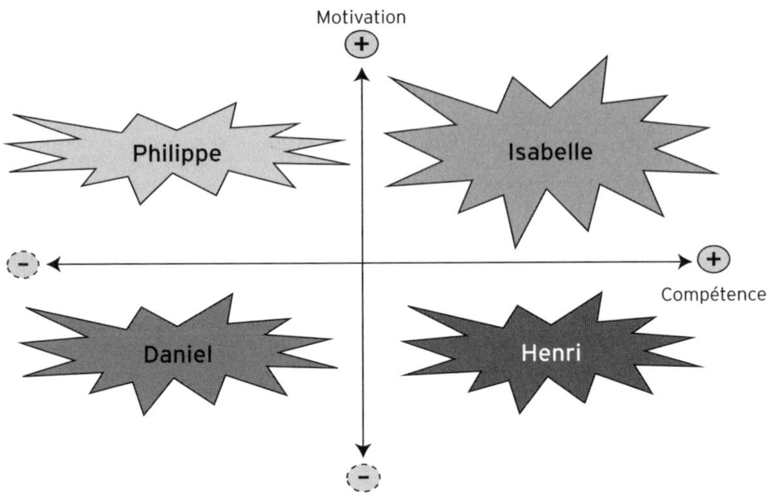

Paul peut maintenant constater que seulement 50 % de l'équipe « sait faire » avec des degrés de motivation différents (Isabelle et Henri). Il remarque aussi que 50 % de l'équipe (Philippe et Daniel) ne sont pas compétents. À la vue de cette analyse, il peut définir des objectifs ambitieux et réalistes qu'il va pouvoir défendre auprès de sa hiérarchie. Cette construction rationnelle protège l'équipe d'une direction qui lui demanderait plus qu'elle ne peut produire.

Fixer des objectifs réalistes

Pour protéger son équipe, le manager doit être capable de défendre des objectifs réalistes auprès de sa hiérarchie. Il ne peut le faire que s'il dresse une représentation pertinente de la performance de chacun de ses collaborateurs. À l'aide de cette cartographie, il définit pour chacun des indicateurs de résultats réalistes et ambitieux, et se permet de refuser ce qui ne peut être fait.

Considérant que, pour chaque type de collaborateur, il y a statistiquement un niveau de performance réaliste par rapport à un niveau idéal et maximum de 10, la cartographie de l'équipe au regard des résultats de chacun de ses membres est la suivante :

Cartographie des niveaux d'autonomie de l'équipe de Paul

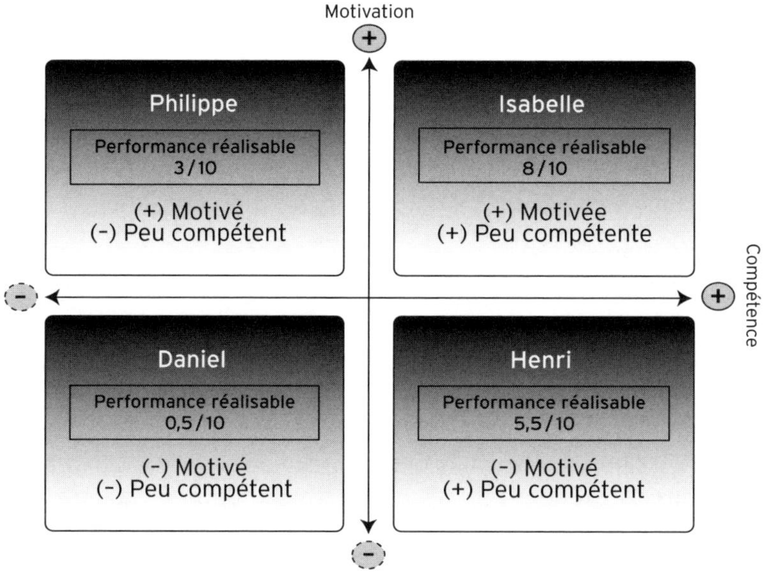

La performance 2009 de l'équipe s'établit par addition des performances individuelles, soit :

- Isabelle : 8
- Henri : 5,5
- Philippe ; 3
- Daniel : 0, 5

Pour un total de l'équipe de : 17

HYPOTHÈSE 1

Le supérieur hiérarchique de Paul, n'ayant pas d'explications suffisantes, fixe les objectifs 2010 en se basant sur la meilleure performance au sein de l'équipe, à savoir celle d'Isabelle, soit : 4 collaborateurs x 8 = 32

Les objectifs fixés pour 2010 étant de 32, alors que la performance globale de 2009 était de 17, Paul a deux stratégies pour satisfaire les exigences de son supérieur hiérarchique et combler l'écart de 15 (32-17). Il peut :

- soit prendre à sa charge le différentiel entre ce qu'il est possible de faire et ce que l'équipe peut faire. Mais encore faut-il qu'il puisse réaliser cette performance;

- soit répartir les objectifs en attribuant à chacun d'entre eux 8 à réaliser en 2010.

En agissant ainsi, il va y avoir deux catégories d'objectifs : les objectifs « matelas », faciles à réaliser et peu motivants, et les objectifs « citrons », difficiles à atteindre et très stressants.

Cette répartition à part égale de la production aura pour effet de créer un sentiment d'injustice au sein de l'équipe avec, à terme, faute de coopération, une sous-performance globale.

HYPOTHÈSE 2

Paul sait évaluer son équipe et défendre la différence de performance auprès de son hiérarchique, à l'aide de la cartographie ou de tout autre outil permettant de justifier de ce qu'il est possible de faire.

Sachant que la performance 2009 a été de 17, et compte tenu des moyens constants et de la courbe d'expérience, il propose à son hiérarchique une augmentation de 15 %, soit :

- 17 x 1,15 = 19,55 pour 2010.

Être capable d'évaluer les capacités de l'équipe, c'est, dans un premier temps, se donner les moyens de négocier avec la hiérarchie des objectifs réalistes. Dans un second temps, c'est en demandant à chacun de faire seulement ce qu'il lui est possible de réaliser que le manager les protège et régule la pression de telle sorte qu'elle leur soit positive et confortable.

Avoir les moyens de sa performance

L'organisation doit être cohérente et en capacité de donner les moyens de ses ambitions à ses salariés. À défaut d'être capable de vérifier la cohérence entre les objectifs, la méthode et les moyens, une direction d'entreprise se prédispose au désastre.

Les moyens sont constitués d'un ensemble dont le tout rend la performance possible et répond à la question : avec qui, avec quoi ? Il faut, à ce stade, faire la différence entre l'essentiel et le superflu. Pour autant, que l'on soit en période de changement ou pas, l'absence de moyens est un facteur de stress.

Or, combien de directions, dans les périodes de changement, donnent des indicateurs de résultats sans vérifier que les méthodes sont acquises et les moyens donnés ? À la limite, ces mêmes directions ne veulent pas savoir. Cela facilite grandement la gestion du changement. Face à cela, sur le terrain, les équipes en sont réduites au système « D ». Les exemples sont nombreux d'entreprises qui maintiennent les objectifs de certains services alors que, suite aux restructurations, ceux-ci sont en sous-effectif et n'ont plus les moyens de faire face à la demande. *« Alors, on balaie les dossiers, au risque de se tromper*, confie Jacques, *car les résultats sont exigés. »* L'inconscience de certaines entreprises les pousse à intégrer des procédures qualité alors que, faute d'effectifs, il est difficile de les mettre en œuvre. Combien de téléopérateurs sont censés répondre à leurs clients sur de nouvelles offres de services, alors qu'ils n'ont reçu ni informations ni formation ? S'ensuit une suite de dialogues grotesques, où le téléopérateur fait comme il peut. C'est l'échec, ce qui entraîne du stress, des comptes à rendre et de la démotivation.

Face à l'absence de moyens, et pour ne pas perdre son estime de soi, la fuite s'impose à travers la démission. Et comme, régulièrement, les salariés abandonnent et partent, les responsables ne les forment plus. Certains managers finissent par croire que cela ne sert plus à rien de les former et se contentent d'un apprentissage sur le tas. Ils considèrent le turnover comme une norme à prendre en compte, et non plus comme une preuve de l'incompétence managériale. À cela s'ajoutent les restrictions budgétaires avec des services fonctionnels réduits, des voyages limités, où l'on passe de la première à la seconde classe. Les managers n'ont plus de secrétaire et en sont réduits à assumer les tâches administratives. À la frustration se mêle la colère de ne pas faire le métier qui est le leur lorsque, dans le même temps, leur hiérarchie leur exige des résultats.

Comme le souligne Laurent Jeanneau : *« Avoir les moyens de bien travailler devient un privilège : seul un salarié sur cinq réunit les conditions nécessaires pour accomplir correctement sa tâche, c'est-à-dire avoir suffisamment de temps, des informations claires, la possibilité de coopérer, des collègues disponibles, un matériel et une formation adaptés[1]. »*

Avoir les moyens et se donner les moyens d'être là, près de l'équipe, est essentiel en période de restructuration pour rassurer l'équipe et la soutenir.

1. Journaliste et auteur de l'article « Le Travail sous tension », *Alternatives économiques*, n° 285, novembre 2009.

OBSERVER POUR GÉRER LA PRESSION

Dès le matin…

Dans une période de changement où le stress est fortement présent, il est indispensable que le manager perçoive ce qui se passe dans son équipe, soit sensible aux émotions ressenties par ses collaborateurs et réagisse au plus vite et de manière efficace. S'étant entraîné régulièrement à mettre en œuvre le PADAE, il répondra aux situations imprévues et inconfortables avec toute la sérénité que le poste requiert et dont ses collaborateurs ont besoin.

Si certains managers « zappent » à tort les salutations matinales, d'autres en profitent pour prendre le pouls de l'équipe et gérer les collaborateurs stressés. Éviter la contagion au sein du collectif de vendeuses, voilà le leitmotiv matinal de Diana, responsable d'un magasin de prêt-à-porter féminin, et qui nous rapporte l'astuce suivante : *« Tous les matins, je vais saluer les vendeuses au fur et à mesure qu'elles arrivent. Quand je sens qu'une vendeuse est stressée, je réagis automatiquement pour ne pas que l'équipe en pâtisse. »*

Être réactif

Pour tendre vers l'action juste, la première des tâches d'un manager orienté « équipe » est donc d'observer les états émotionnels de chacun de ses membres. À partir de cette observation, et si le besoin se fait sentir, il va réagir et passer aux trois phases suivantes : analyser, décider et agir. *« Si le niveau de stress de ma vendeuse est bas, je vais détourner son attention du problème. À l'inverse, s'il est trop fort, je vais susciter la discussion. Dans ce dernier cas, je la mets quelque peu à l'écart de l'équipe et de la clientèle le temps que le stress diminue. Ainsi, généralement, je lui confie des tâches qui contiennent très peu de relationnel comme, par exemple, accomplir des opérations administratives ou gérer les stocks en arrière-boutique. Quand, deux heures plus tard, le stress est revenu à un niveau acceptable pour l'équipe et la clientèle, elle reprend des activités plus relationnelles. »*

C'est en mettant en place des routines efficaces, comme saluer quotidiennement ses collaborateurs, que le manager va pouvoir réguler au mieux la pression. Anticiper, s'entraîner, exécuter, récupérer et évaluer les actions terminées pour améliorer ce qui peut l'être sont les cinq phases d'une stratégie gagnante. En renouvelant ce processus, le manager accélère le temps de passage de l'une à l'autre des étapes et devient d'une efficacité redoutable.

ASSUMER LES RÉSULTATS ET MANAGER LA PERFORMANCE

Comme déjà énoncé plus haut, la pression résulte, entre autres, de la focalisation d'un salarié sur les résultats en situation normale. Elle augmente en situation de changement car le droit à l'erreur n'est pas accordé, le temps est compté et la compétence pas encore acquise. Pour cette raison, un manager se doit d'assumer les résultats de l'équipe et de manager la performance de chacun.

MANAGER LES RÉSULTATS

Contrairement à ce qui est exigé traditionnellement dans la plupart des entreprises, la mission d'un cadre ne devrait pas être d'obtenir des résultats, mais le maximum de performance collective et individuelle de la part de ses collaborateurs. Parce que les directions exigent des managers des résultats, l'essentiel de leur activité est orienté vers le suivi des tableaux de bord. Leur attention focalisée sur les indicateurs, ils commandent des résultats et se préoccupent peu de ce qu'il faut faire pour y arriver. J'utiliserai la métaphore sportive pour démontrer l'incohérence des modèles managériaux qui ont eu leur heure de gloire dans un contexte de stabilité économique, mais qui sont mis en échec dans des contextes de forte concurrence et, *a fortiori*, de crise. Imaginons deux types d'entraîneurs pour Alain Bernard[1], champion français de natation.

Le premier entraîneur reste dans son bureau, surveille et analyse les résultats obtenus aux différents meetings. Il participe à de nombreuses réunions d'entraîneurs au cours desquelles les évolutions de métiers, d'organisations et de techniques d'entraînement sont évoquées. Homme de dossier, il s'occupe lui-même des aspects organisationnels et logistiques liés aux déplacements de son nageur. Faute de pouvoir être là, le coach planifie les séances d'entraînement afin que son nageur se sente encadré. Il a remis le

1. Champion olympique aux jeux Olympiques de Pékin en 2008 du 100 mètres nage libre.

programme à son nageur et lui a demandé de le respecter. Quand ce dernier a besoin d'avoir un feed-back ou de travailler tel aspect de sa nage, il lui demande de se tourner vers un autre de ses collègues nageurs, bon dans le domaine, pour qu'il lui explique.

Le second entraîneur consacre l'essentiel de son temps à son nageur. Chaque jour et tout au long des entraînements, il est au bord de la piscine à observer et analyser les bonnes et mauvaises attitudes de son nageur. Il le débriefe, le recadre et le motive. Observateur du moindre geste, il propose de modifier les postures inadéquates. Si le résultat est un leitmotiv et reste en ligne de mire, c'est de la performance dont il lui parle au jour le jour. *« Tu as fait un bon chrono en étant relâché »*, ou : *« Tire sur tes bras et allonge ta coulée »*, ou encore : *« Ce matin, fais-toi plaisir. »* Lors des entraînements ou quand la compétition est finie, l'entraîneur commente peu ou pas les résultats obtenus. Il débriefe la performance du nageur car elle est contrôlable et, de ce fait, modifiable.

Au regard de ces deux attitudes et comportements radicalement opposés, avec quel entraîneur croyez-vous qu'il soit devenu le champion qu'il est aujourd'hui ?

Manager la performance

C'est en travaillant sur ce qu'il est possible de faire que le manager enlève une grande partie de la pression aux collaborateurs. Il leur demande de se consacrer à la performance. Les résultats, c'est lui qui les assume. Au lieu de cela, il est fréquent de rencontrer des managers qui demandent aux collaborateurs d'assumer les résultats, tandis qu'ils gèrent leur sous-performance en jouant la doublure. Ils font « à leur place » et incarnent ainsi la « délégation inversée ». Ils préfèrent produire que former. Ils préfèrent plonger dans la piscine pour terminer les 50 mètres que leurs nageurs n'arrivent pas à finir.

Il est évident que le rôle du manager dans la gestion de la pression est absolument crucial. Il est à la fois le porteur, le transmetteur et le régulateur. Comme le précise Gérard Blondel, délégué central CFE-CGC : *« Il est important que les cadres sachent éviter de transférer leur stress sur leurs équipes. »* Le manager doit avoir le geste juste pour faire travailler ses collaborateurs dans les meilleures conditions intellectuelles (réflexion, analyse, etc.), affectives (gestion des émotions : peur, colère, etc.) et physiques (perception, récupération, etc.). C'est par des gestes de vrai pédagogue et psychologue que le manager va gérer au mieux son équipe.

Chapitre 3

Quelle organisation antistress ?

- Sectoriser le leadership
- Exiger du lien en période de changement
- Être attentif à la récupération des organismes

Pour limiter l'impact des agents stressants en période de changement, avoir une approche basée sur l'intelligence émotionnelle ne suffit pas à diminuer considérablement la pression. Faut-il encore mettre en place une organisation antistress qui permette de contrecarrer les facteurs anxiogènes et de renforcer l'importance des actes managériaux réalisés au quotidien. Cette organisation repose sur trois approches essentielles :

- sectoriser le leadership au regard des compétences de chacun ;
- renforcer l'exigence du lien pour faire face à la pression ;
- favoriser la récupération de l'équipe, facteur clé de lucidité et de performance.

SECTORISER LE LEADERSHIP

Comme dans toute équipe, il y a des zones de fragilité qui constituent des facteurs bloquants et anxiogènes. Généralement, elles sont le résultat de l'absence de compétence ou de motivation de l'équipe, ou de l'un de ses membres. Afin de les repérer, le manager peut organiser des réunions dont l'objectif sera double : identifier avec l'équipe les zones à risque de « forte pression », et confier la gestion de chacune d'entre elles à celui qui aura les compétences pour le faire.

Identifier les zones à forte pression

Comme dans le sport, la journée de travail comporte des temps forts et des temps faibles. Les temps « forts » sont des périodes de pression importante où la performance présente un risque de dégradation conséquent, s'ils ne sont pas gérés efficacement. Pour faire face à ces cycles de tension, le manager va « sectoriser » le leadership en le confiant aux collaborateurs compétents.

Après avoir identifié les zones de stress de l'équipe et les compétences pour les maîtriser, le manager attribue à chacun la mission qui relève de sa compétence. Chaque collaborateur reçoit par là même sa confiance et le respect des membres de l'équipe durant la prise en charge de ces temps forts où la pression est maximum. Ainsi, tel collaborateur très compétent dans la « gestion des conflits » aura en charge d'assister rapidement un équipier, si un différend apparaît avec un client. Un autre, expert dans le domaine technique, se verra confier le soin de résoudre tout incident technique en période de suractivité.

Répartir la gestion de ces zones

En confiant, dans les temps « forts », le leadership au collaborateur « compétent », le manager régule le stress de l'équipe. Dans les cycles de surrégime, savoir qu'un membre de l'équipe va assumer le poids d'une responsabilité précise, c'est appréhender les périodes de turbulences avec plus de sérénité et de confiance. Comme le souligne Claude Makelélé : *« Avoir un joueur comme Zinedine Zidane, capable de calmer le jeu dans les périodes de pression adverse, rassurait l'ensemble de l'équipe et diminuait la pression due aux enjeux*[1]. » L'acceptation par l'équipe de ce leadership « circonstanciel » permet d'éviter la confusion et l'anxiété qui en découle en laissant la « main » à ceux qui sont les plus « compétents » pour traiter le facteur anxiogène.

Le manager qui accepte le partage du leadership et des responsabilités avec chacun des membres manifeste dans le même temps sa reconnaissance, d'une façon vertueuse. Manager ainsi donne un surcroît d'énergie et construit une solidarité entre les membres, nécessaire pour affronter les obstacles professionnels. C'est faire de la pression une ressource où chacun prend sa part de succès, au lieu de s'affronter et s'opposer.

C'est, enfin, faciliter la présence au quotidien de tous les membres, chacun ayant une responsabilité supplémentaire vis-à-vis du reste de l'équipe en gérant les « temps forts ».

1. Ancien joueur de l'équipe de France de football.

EXIGER DU LIEN EN PÉRIODE DE CHANGEMENT

Face à la pression, la solidarité est essentielle. Elle permet de tenir et de passer le cap. Elle est une des valeurs constitutives de l'équipe, un moyen de fédérer quand tout va mal. Il semble donc primordial d'entretenir, voire de créer cette dimension collective avant toute mise en place d'un changement important. À cette fin, deux méthodes peuvent être mises en œuvre pour construire cette valeur fédératrice et les comportements qui la portent : la convivialité et l'information pour sécuriser l'équipe.

La convivialité : pour réguler la pression

Les moments de convivialité tels que sorties sportives, repas d'équipe sont des outils générateurs de lien, nécessaires à la parole et à la réciprocité. Lors de ces rassemblements, la dimension émotionnelle prend le pas sur la dimension rationnelle. Les sensations qui naissent du partage d'activités non professionnelles créent le lien et les souvenirs indispensables à la coopération. Basés sur l'entraide et le plaisir, ces événements, bien que ponctuels et éphémères, généreront, de retour au travail, plus de compréhension et d'écoute entre les membres de l'équipe. Grâce à cet esprit de solidarité, il est plus facile d'accepter chez soi et chez l'autre les tensions dues aux erreurs, aux remontrances qui fusent et aux exigences de performance. Comme le mentionne Pierre, responsable de production chez un équipementier automobile : « *Quelque temps après ma prise de fonction, la direction d'usine m'annonçait un changement de processus industriel à mettre en œuvre dans les six mois à venir. J'avais peu de temps et pas d'équipe, ayant hérité d'un groupe d'individus. Conscient que nous ne surmonterions pas l'épreuve en l'état actuel, je demandais à ma hiérarchie un budget pour souder le groupe autour d'activités ludiques, l'espace d'un week-end. Faire naître du lien entre les membres devait nous permettre de passer le cap. À notre retour, les salariés s'étaient rapprochés les uns des autres et avaient un degré de complicité suffisant pour travailler en équipe. Quand, quelques mois plus tard, le temps est venu d'appliquer la restructuration, c'est grâce au collectif que les insuffisances individuelles ont été surmontées.* »

En période de réorganisation, c'est autour du don de soi et du dépassement de soi que s'organisent l'échange de bonnes pratiques et l'enrichissement personnel de chacun. Chaque membre de l'équipe se sent en capacité de donner et recevoir. C'est dans cet échange d'émotions et de tensions, voire de souffrance, que se créent des relations plus professionnelles et plus amicales.

L'information : pour rassurer l'équipe

En outre, pour entretenir le lien au sein de l'équipe, il faut la tenir informée régulièrement de sa performance. L'affichage dans les locaux et une information régulière sur les points d'étapes sont les deux supports de cette communication. En réunissant le collectif autour d'une information constante sur l'avancée du projet, le manager lève aussi les incertitudes, ces dernières étant toujours un facteur très anxiogène en période de changement. Les réunions doivent être positives et soulever aussi en priorité les points forts. Tout le contraire de ce qui se pratiquait dans une entreprise de fabrication de textile où les ouvriers appelaient les réunions auxquelles ils participaient les réunions « pas bon », au motif que seuls les points négatifs étaient abordés. Les points restant à améliorer ne doivent pas être la problématique d'un collaborateur, mais de toute l'équipe.

Cette information constante permet aussi de valoriser le travail de l'équipe et la reconnaissance de cette dernière dans sa progression et les efforts qu'elle consent. Agir de la sorte, c'est montrer qu'elle est sur la voie du succès.

Être attentif à la récupération des organismes

Mettre en place une organisation antistress, c'est aussi penser à la récupération des organismes fatigués. Parmi les différentes options qui s'offrent aux entreprises, la plus évidente est l'aménagement de salles de sports ou, *a minima*, d'une salle de repos au sein de l'entreprise. Un « investissement inutile », diront beaucoup de cadres dirigeants. Un « investissement payant », argueront tous les spécialistes de la gestion du stress. Comme le défendent ces derniers : *« Avoir l'opportunité de pratiquer une activité sportive et se détendre au moment opportun de la journée diminue considérablement la pression.* » La pratique d'un sport favorise la sécrétion d'hormones qui augmentent la résistance au stress et aide à rester lucide plus longtemps dans la journée. Enfin, organiser la récupération, c'est aussi penser à l'alimentation et au sommeil.

Veiller au temps de récupération : les cycles d'énergie des collaborateurs

Contrairement à une voiture qui peut conserver, jusqu'aux dernières gouttes de carburant, l'intégralité de sa puissance, le corps humain perd de sa force en même temps que ses ressources diminuent, comme le montre le schéma ci-après.

Le cycle d'énergie « typique »

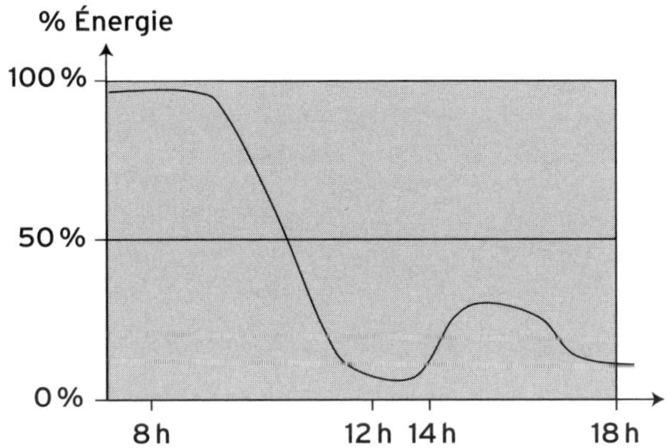

Les rythmes biologiques n'étant pas les mêmes d'un individu à l'autre, ce schéma est une des nombreuses représentations possibles de l'état de forme d'un individu. Nous pouvons observer que certains individus ont beaucoup d'énergie le matin ou émergent seulement l'après-midi, tandis que d'autres sont plus productifs à partir de 18 heures.

Comme le démontrent les nombreuses études réalisées sur le stress, plus un individu a de réserves physiologiques, et moins il sera sensible à la pression. Il est donc capital qu'un salarié conserve un niveau d'énergie assez élevé le plus tard possible dans la journée. Pour favoriser la récupération, outre la pratique sportive, le manager a deux options complémentaires : gérer l'horloge interne de ses collaborateurs et aménager des temps de repos. L'objectif de ces deux démarches est de faciliter la performance par un état de forme élevé qui s'étale bien au-delà des quatre premières heures de travail, comme l'indique le schéma ci-après. Il s'agit de protéger et prolonger la durée de vie de ces corps qui donnent chaque jour le meilleur d'eux-mêmes dans des contextes souvent difficiles.

Le cycle d'énergie « amélioré »

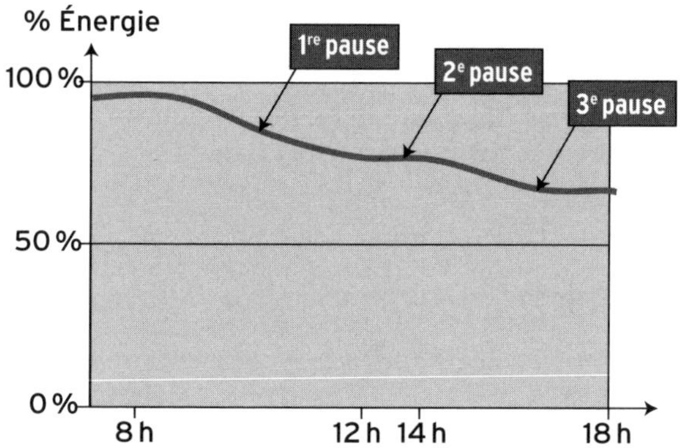

Tenir compte de l'horloge biologique

Pour gérer l'horloge interne de ses collaborateurs, le manager peut organiser l'attribution des tâches en fonction des pics et des baisses de forme de chacun. *« Je gère mes plannings en fonction de l'horloge biologique de mes logisticiens. Selon qu'ils sont du matin ou de l'après-midi, je répartis les tâches administratives, productives et réflexives en fonction de leurs capacités physiques »*, témoigne Henri, responsable logistique pour une grande enseigne de meubles française.

Pour simplifier notre raisonnement, imaginons que tous les membres de l'équipe aient le même rythme biologique. Henri planifierait les tâches à forte consommation énergétique dès les premières heures du matin, comme le chargement des camions, et réserverait une partie de l'après-midi aux tâches administratives, voire réflexives, telles que la participation à des réunions.

Mes observations en entreprise montrent que la grande majorité des managers ne tient pas compte de l'horloge interne de ses collaborateurs, et qu'elle les laisse accomplir des tâches à faible valeur ajoutée le matin comme l'ouverture du courrier, certaines tâches administratives, la lecture des e-mails et autres tâches de moindre importance. En période de changement, alors que les organismes sont fatigués, il est plus que vital d'être attentif à ce genre de démarche. Un cadre n'a pas pour seule fonction de manager son équipe, il doit aussi la ménager pour qu'elle dure dans le temps.

Organiser la récupération

Plusieurs moyens s'offrent aux organisations pour permettre aux salariés de récupérer et d'avoir un niveau de stress positif : la pratique sportive, l'alimentation, le sommeil et la gestion de la durée hebdomadaire de travail.

Le premier moyen pour diminuer l'impact des agents stressants est de pratiquer une activité sportive. Selon une étude parue dans *Archives of Internal Medicine* d'octobre 1999, la pratique d'un sport a une action tranquillisante grâce à une substance produite par le cerveau : les endorphines. Celles-ci améliorent l'endurance face aux épreuves de la vie. C'est autant d'atouts contre la déprime et une façon de rééquilibrer le mental. La pratique sportive oxygène les tissus, élimine les déchets corporels et brûle les excédents nutritionnels. Avec un choix d'activités personnalisées, faites à un rythme et à une fréquence bien dosés, le manager est en capacité de mieux réguler le stress.

La nutrition est le deuxième aspect à prendre en compte pour récupérer et réguler la pression. Les comportements alimentaires sont à surveiller de près. Une alimentation mal appropriée procurera peu de plaisir et d'énergie pour réguler efficacement la pression. Comme le mentionne Françoise Lauer : « *Il faut privilégier une nutrition agréable, se méfier des régimes car ils sont facteurs de stress, mais éviter aussi une alimentation trop grasse ou trop sucrée qui aurait des conséquences sur la zone cardiovasculaire déjà très sollicitée en cas de stress.* » Sans compter la consommation d'alcool, qui peut se révéler efficace à très court terme pour freiner les effets dévastateurs d'une pression excessive, mais qui est dangereuse sur le moyen terme.

Le troisième moyen est lié à la qualité du sommeil qui joue un rôle important dans la capacité du responsable d'équipe à résister à la pression. Perturbé par les exigences professionnelles et les difficultés qu'elles induisent, le manager est stressé et a du mal à trouver le sommeil. Réveillé fréquemment la nuit et éreinté, il part au boulot dépourvu d'envie, avec un degré de colère et de lassitude qui n'a d'égal que son incapacité à dormir.

À ce titre, certains managers accordent aux membres de leur équipe la possibilité d'avoir un temps de récupération après le repas, pour faire des exercices respiratoires, ou encore une mini-sieste. *« Dans mon service, j'ai accepté qu'une partie de mes collaborateurs s'adonnent à des exercices de yoga respiratoire. Force est de constater qu'ils sont en forme plus longtemps. Perdre 10 minutes pour en gagner l'après-midi 180 à être plus efficace, c'est bénéfique pour l'entreprise »*, confirme Jacques, manager d'une équipe de juristes au sein d'un cabinet d'avocats. Durant la digestion, le cerveau ne contrôle plus rien, laissant la main à l'appareil digestif qui prend le relais et utilise le maximum de ressources. La tête passe en mode veille. Elle consomme peu d'énergie de façon à en laisser un maximum au corps pour qu'il fasse son travail. La tête devient absente et peu utile à la réflexion. C'est l'heure de la sieste. Malgré cela, combien de réunions s'organisent après le repas ?

Quelles qu'en soient les bonnes raisons, il ne peut y avoir de pratiques imposées car cela dépend des besoins de chaque individu. À charge pour chacun des collaborateurs de trouver la meilleure méthode pour être le plus efficace et le moins stressé possible.

Le dernier aspect est de faire attention au respect de la durée hebdomadaire de travail, de telle sorte qu'un collaborateur ne s'épuise pas à trop en faire. Le supérieur hiérarchique doit lui demander, voire lui ordonner de rentrer chez lui quand il sent qu'il est écrasé par la fatigue. Ce principe de sécurité est institué par quelques entreprises pour l'ensemble du personnel. Pour certaines d'entre elles, les lumières des bureaux sont programmées pour s'éteindre à 20 heures, tandis que d'autres demandent aux agents de sécurité de fermer les bureaux à clé aux mêmes horaires. Ce qui contraint dans les deux cas les salariés à rentrer chez eux et à se reposer.

Si vous n'êtes pas encore convaincu de l'efficacité de la méthode et êtes encore hésitant pour des raisons économiques, il ne vous reste plus qu'à vous pencher sur le coût[1] que représentent dans votre entreprise les arrêts de travail, auquel il ne faudra pas oublier,

1. Selon une étude réalisée en 2003 par l'INRS (Institut national de recherche et de sécurité), le stress au travail coûte entre 0,8 et 1,6 milliard d'euros par an en France pour 20 milliards en Europe.

entre autres, d'ajouter les coûts d'une sous-production tant quantitative que qualitative, le tout découlant d'une fatigue excessive.

Le rôle d'une organisation devrait être de protéger et maintenir le capital humain. Il n'en est rien. Poussés à bout sans aucun ménagement, les salariés finissent par ne plus donner que ce qui leur reste, c'est-à-dire pas grand-chose, voire pire : la mort.

Conclusion

Selon un sondage[1], seuls 13 % des salariés qui se disent très stressés attribuent leur stress au travail, alors que les 59 % restant estiment n'être pas ou être peu stressés. Dans le même temps, 82 % des salariés français se disent satisfaits de leurs conditions de travail et de l'équilibre entre leur vie privée et leur vie professionnelle[2]. Dans un sondage plus récent[3], 66 % des Français se disent de plus en plus stressés au travail.

Aujourd'hui, les avis des professionnels et les statistiques divergent sur l'impact du stress. Alors, comment interpréter ces chiffres, et comment y voir clair ? La pression est-elle un phénomène parcellaire, rendu plus important qu'il ne l'est réellement par les médias ? Ce qui est évident, c'est que là où il y a exigence de résultats, il y a obligatoirement pression. L'obligation de moyens n'est plus suffisante, il faut des résultats en sachant qu'ils dépendent d'un certain nombre de facteurs dont la grande majorité échappe aux salariés. Cependant, cette nécessité de résultats n'a pas le même impact psychologique selon le statut du salarié : cadre ou non-cadre.

Les conclusions d'un colloque réalisé sur les risques psychosociaux à Besançon le 24 septembre 2008 font apparaître que les cadres sont les plus touchés par le stress, tandis que les salariés non cadres restent, pour certains, exposés à la pression mais de façon moins importante.

Mon expérience en entreprise me permet de confirmer les conclusions de ce colloque et d'écrire que le stress n'est pas qu'un phénomène relatif, rendu plus grave qu'il ne l'est par l'effet médiatique des événements dramatiques qui ont touché certains grands groupes ces dernières années. En effet, la population de cadres que j'accompagne au quotidien montre un niveau de stress élevé, aggravé en situation de changement.

Bien qu'il y ait un équilibre plus grand entre la vie personnelle et la vie professionnelle, du fait, entre autres, de la réduction du temps de travail, les modèles managériaux et organisationnels se durcissent et

1. Sondage Anact, 2009.
2. Enquête européenne, 2007.
3. Sondage TNS Sofres, septembre 2009.

deviennent impersonnels. Dans le temps imparti, les rythmes s'intensifient et il faut faire toujours plus, avec moins. Moins de temps, de compétence, d'argent et d'effectifs. Quand, de surcroît, les organisations s'évertuent à licencier, les cadres sont sous forte pression. La charge psychologique des cadres s'aggrave quand, suite aux plans de départs volontaires, la plupart des salariés qui restent ne sont ni les plus motivés ni les plus compétents. Ayant pour l'ensemble les mêmes objectifs de résultats avant et après la réorganisation, les managers ont le devoir de compenser la sous-productivité liée aux effectifs insuffisants. À leur propre activité s'ajoute la charge de travail de celui qui n'est plus là.

Quoi qu'il en soit, pour éviter ces conséquences néfastes de la pression sur le climat social et les résultats, les entreprises doivent initier une démarche de prévention en *« s'interrogeant sur les dangers organisationnels, managériaux et relationnels induits par la nouvelle stratégie de l'entreprise*[1] », comme l'écrit Yves Rivoal. Selon François Geuze, président de Référence RH, *« pour que cela fonctionne, il faut un véritable engagement de la part de la direction. Il faut aussi intégrer cette réflexion très en amont. Aujourd'hui, on a trop tendance à considérer que la variable humaine s'adaptera »*.

Dans cette optique, les mesures gouvernementales témoignent d'une réelle prise en compte du problème à l'échelle nationale. Xavier Darcos, ministre du Travail, a lancé début octobre un plan d'urgence sur les conditions de travail. Son objectif : contraindre les entreprises de plus de 1 000 salariés à signer d'ici le 1er février 2010 les accords sur les risques psychosociaux. Cette prise en charge par le gouvernement atteste de sa volonté de mieux encadrer le travail. L'objectif affiché est d'améliorer les conditions d'emploi et de diminuer l'impact des déficiences managériales qui entraînent toujours plus de pression, avec pour conséquence les situations dramatiques que l'on connaît au cœur des entreprises.

Ainsi, quelles que soient les statistiques, il est impératif de prendre en compte ce phénomène, de se préoccuper de ceux qui en sont actuellement victimes et de faire en sorte que ceux qui n'en sont pas frappés aujourd'hui ne le soient pas demain.

1. Article publié dans focusrh.com le 12 octobre 2009.

Conclusion

Pour terminer cette entreprise enrichissante qu'est l'écriture d'un livre sur le changement, je ferai une comparaison entre la pensée occidentale et la pensée orientale. Ce parallèle vise à mieux comprendre ce qui prévaut face aux difficultés de mise en œuvre du changement dans nos sociétés européennes et aux traumatismes qui en découlent. Comme le souligne Marc Halévy dans son formidable livre : « *L'entreprise n'est pas un simple temple statique de pierre et d'airain, elle est un processus qui tresse, au fil du temps, ses trois brins principaux que sont sa passion, son projet et sa valeur. Ce qui fonde l'entreprise, c'est sa dynamique, pas ses structures. (...) La permanence est une illusion : tout se transforme sans arrêt. Rien n'est jamais acquis. L'entreprise, elle-même organisme vivant en marche, doit apprendre cette fluidité, cette permanence radicale. (...) L'entreprise est un processus organique et non mécanique*[1]. »

D'un côté, la vision occidentale est basée sur la fixité, la stabilité de l'être et des organisations; elle conçoit les changements seulement comme des accidents de l'histoire. Cette idée même de chercher à évoluer sans y mettre les moyens appropriés provoque ce mal-être qui envahit nos entreprises et notre société. Elle est comme une résistance au sens de la vie, et crée des traumatismes importants, parfois dramatiques.

De l'autre côté, la philosophie orientale est fondée sur le mouvement, et le changement constitue son paradigme. C'est autour de cette impermanence des éléments et des systèmes que se crée la

1. Marc Halévy, *Tao et management : La sagesse taoïste au service du manager*, Eyrolles, 2009.

vie. À l'opposé, ce qu'elle vit comme des accrocs de parcours sont la constance, la stabilité et le repos.

Ces visions du monde ont donné naissance à deux modèles antagonistes, l'un centré sur l'avoir et l'autre sur le faire. N'ayant pas hérité du même cadre d'action stratégique et opérationnelle, les managers proposent des modes d'animation d'équipes totalement différents.

Dans le monde occidental, l'action est orientée sur le « vouloir » obtenir et a, depuis une trentaine d'années, contribué à faire naître cette culture du résultat, commune à l'ensemble de nos entreprises françaises. Cette façon de penser et d'agir s'immisce aujourd'hui dans tous les pans de notre activité, y compris dans les organisations publiques.

Cette référence culturelle formant le cadre d'action stratégique du manager, ce dernier s'épuise à atteindre les objectifs fixés. Obsédé par la destination à rallier, il se laisse gagner par la pression et amplifie ses exigences en développant des comportements intempérants. Préoccupé par le résultat de son action, il néglige l'accompagnement de ses collaborateurs. Il impose le chemin au motif que « la fin justifie les moyens », au risque de démontrer le fait que le travail « tue ».

Pour l'Orient, le modèle culturel s'appuie essentiellement sur le « faire » avec, pour fondement, l'art du geste « juste ». Le manager chinois se centre sur la performance et ce qui la génère : la compétence et la motivation. Il est attentif à ce qu'il réalise et recherche l'acte parfait, autrement dit à dominer le geste et la technique. Conscient de son rôle, il donne le meilleur de lui-même par l'apprentissage, attentif à ce que ses subordonnés maîtrisent ce qu'ils ont à charge de faire. C'est dans cette relation de maître à disciple que se conquièrent le sens et le faire. Il sait qu'en les accompagnant, la performance et les résultats escomptés seront là. Il a compris depuis longtemps que le niveau de productivité ou le chiffre d'affaires obtenu ne sont que la conséquence de la vigilance portée à la performance, et non au résultat à atteindre. Pour lui et son équipe, il n'y a pas d'autre objectif que de grandir, se développer dans l'acte accompli. S'il y a généralement en Occident un seul « pourquoi » et un seul « comment », le manager chinois est conscient que c'est dans l'interaction permanente entre une situation et une intention que s'organise l'activité. À un « pourquoi » s'offrent à lui de nombreux « comment ».

L'intention est ici, comme le souligne Marc Halévy, la « boussole » qui guide l'action. Ce n'est plus l'objectif qui impose le chemin et force le passage. C'est de la dialectique permanente entre la réalité de terrain et le cadre d'action stratégique de l'entreprise, autrement dit sa passion, son projet, ses valeurs, son intention, que naît l'action opportune. Même s'il garde en point de mire l'endroit où il doit se rendre, il se consacre à choisir le chemin, à l'adapter aux besoins de l'équipe, voire à le changer si nécessaire, sans que cela soit vécu comme un drame. Il n'y a pas de chemin tracé à l'avance qu'il soit obligatoire de suivre, s'il est démontré qu'il n'est pas propice. La seule règle est de maintenir la cohérence entre le cap à atteindre et le chemin pris. Le changement est ainsi permanent et accepté comme tel. Régi par ces préceptes, centré sur « l'ici et maintenant », le manager s'engage dans l'action pour ne penser qu'au faire.

Par ailleurs, au-delà de ces postures sur le monde qui déterminent l'action des uns et des autres, il est à noter que notre société et notre modèle économique présentent aussi des freins au changement. Il y a un paradoxe évident entre le désir de changer et le fait que la non-permanence ait été institutionnalisée chez nous pour que rien ne change. Nos modèles d'organisation du travail sont bâtis pour durer, et non pour évoluer. Aux processus à respecter, aux normes de qualité à appliquer et qui figent l'activité, s'ajoutent les contrats de travail qui fixent dans le temps la relation employeur-employé. Sans compter les rémunérations horaires qui génèrent de la présence mais pas de performance, un droit du travail qui bloque toute rupture de contrat, des référentiels de compétences et des conventions collectives qui déterminent la zone d'autonomie et de contrainte du salarié.

Enfin, le manager, par l'emploi d'un style dominant d'animation d'équipe qui, très rapidement, le rend incapable de s'adapter, fige la relation entre lui et ses collaborateurs. En étant chaque jour toujours plus lui-même, il immobilise son équipe dans des schémas comportementaux qui seront par la suite un frein aux changements.

Les difficultés à institutionnaliser le changement comme une norme viennent de cette différence de paradigme quant à la conduite des hommes et des organisations, mais aussi des héritages d'une société frileuse qui se couvre plus qu'elle ne s'expose au risque. Outre les solutions proposées tout au long de ce livre, que peut-on faire pour instituer le changement afin qu'il soit mieux accepté et mieux vécu émotionnellement ?

La première solution est de remettre au cœur du système la façon d'être au travail et l'art de travailler, et non les résultats. En agissant de la sorte, les entreprises réinjectent du sens au cœur de l'action et, par là même, l'envie de travailler. S'employer à cela, c'est diminuer la pression qui, du même coup, redevient une source et une ressource positive.

La deuxième solution est que nos dirigeants changent de cadre de référence. Jusqu'ici, la seule voie de l'action pour rester compétitif était d'user toujours plus de la même solution. Ces trente dernières années, celle-ci se résumait alternativement à deux méthodes : augmenter le chiffre d'affaires ou réduire les coûts, quand les deux n'étaient pas combinées. Aujourd'hui, cette logique d'action n'est plus suffisante. Il faut repenser les modèles managériaux et passer d'une entreprise mécanique, dépourvue d'intérêt, à une entreprise organique où le pouvoir est partagé par le système. Chaque niveau hiérarchique fait autorité par l'expertise qu'il détient et est reconnu comme tel. Le top management pour « le voir », le *middle management* pour « le soutien constant » qu'il apporte, et la base, c'est-à-dire ceux qui produisent, pour « le faire ». Aucun niveau dans l'organisation pyramidale ne serait plus important qu'un autre. Plus spécifiquement, le management n'est plus hiérarchique que de statut. Il n'a plus de pouvoir et est un encadrement de support qui soutient, protège, responsabilise et motive à aller toujours plus loin.

La troisième solution est de poser les bases d'une évolution culturelle de notre société vers plus de souplesse dans les rapports humains et les liens contractuels qui les unissent. Il y a trop de lois, trop de contrats pour régler les relations entre les hommes et une volonté permanente de tout vouloir figer dans le temps. L'essentiel des relations serait géré par des engagements implicites qui pourraient être reconsidérés au fil du temps, selon les évolutions constatées. Car ce qui est valable un jour ne l'est plus le lendemain - les gens, les choses et les systèmes ayant évolué entre-temps, sous la contrainte, et donc dans l'inconfort.

Notre histoire démontre que cette dernière composante est, de loin, la plus difficile à faire évoluer car elle touche aux fondements même de notre société et pose le problème de notre identité nationale.

La pérennité des relations entre les hommes se situe dans le mouvement qu'ils entretiennent entre eux.

Bibliographie

Airaudi S., « L'aptitude au changement des organisations complexes : La conquête de la frontière intérieure », *Revue française de gestion*, n° 122, pp. 17-23, 1998.

Amblard H., Bernoux P., Herreros G., Livian Y.-F., *Les Nouvelles Approches sociologiques des organisations*, Éditions du Seuil, Paris, 1996.

Aubert N., Gaulejac V. de, *Le Coût de l'excellence*, Éditions du Seuil, Paris, 1991.

Beckhard R., *Le Développement des organisations : stratégies et méthode*, Dalloz, Paris, 1975.

Bernoux P., *La Sociologie des organisations*, Éditions du Seuil, Paris, 1993.

Bernoux P., *La Sociologie des entreprises*, Éditions du Seuil, Paris, 1995.

Brénot J., Tuvée L., *Le Changement dans les organisations*, PUF, Paris, 1996.

Carton G.-D., *Éloge du changement : Leviers pour l'accompagnement du changement individuel et professionnel*, Village Mondial, Paris, 1999.

Chavel T., *La Conduite humaine du changement*, Demos, Paris, 2000.

Christian D., *Management et philosophie : Penser l'entreprise*, Nathan, Paris, 1994.

Collerette P., Schneider R., *Le Pilote du changement, une approche stratégique et opérationnelle*, Éditions Presses de l'université de Québec, 1996.

Courpasson D., « Le changement est un outil politique », *Revue française de gestion*, n° 122, pp. 6-16, 1998.

Crozier M., Friedberg E., *L'Acteur et le Système : Les contraintes de l'action collective*, Éditions du Seuil, Paris, 1981.

Dejours C., Dessors D., Molinier P., « Comprendre la résistance au changement », *Documents pour le médecin du travail, INRS*, n° 58, pp. 112-117, 1994.

Dejours C., Bègue F., *Suicide et travail : que faire ?*, PUF, 2009.

Fabre C., *Les Conséquences humaines des restructurations*, L'Harmattan, 2000.

Fazzini N., *Les Apprentissages du changement dans l'entreprise*, L'Harmattan, Paris, 1995.

Francès R., *Motivation et efficience au travail*, Mardaga, 1995.

Guilhon A., « Le changement organisationnel est un apprentissage », *Revue française de gestion*, n° 122, pp. 98-107, 1998.

Halévy M., *Tao et management : La sagesse taoïste au service du manager*, Eyrolles, 2009.

Hubaud M. J., *Des hommes à la peine*, Éditions La Découverte, 2008.

Jabes J., « Changement et développement organisationnel » *in* Aubert N., Gruère J.-P., Jabes J., Laroche H., Michel S., *Management : Aspects humains et organisationnels*, pp. 593-636, PUF, Paris, 1999.

Jeanneau L., « Le Travail sous tension », *Alternatives économiques*, n° 285, novembre 2009.

Koninck F. de, « Résister au changement : une attitude rationnelle », *Sciences humaines*, hors-série, n° 28, pp. 28-30, 2000.

Kourilsky-Belliard F., *Du désir au plaisir de changer : Comprendre et provoquer le changement*, Dunod, Paris, 1999.

Lentini P., *Objectif no stress*, Éditions Amphora, Paris, 2009.

Osier J.-P., « Changement », *in* Jacobs A. (dir.), *Encyclopédie philosophique universelle II : Les notions philosophiques*, pp. 301-303, PUF, Paris, 1990.

Rodach G., *Favoriser le bon stress dans l'équipe*, Eyrolles, Paris, 2009.

Vandageon-Derumez I., « La dynamique des processus de changement », *Revue française de gestion*, n° 122, pp. 120-138, 1998.

Watzlawick P., Weakland J., Fisch R., *Changements : Paradoxes et psychothérapie*, Éditions du Seuil, Paris, 1975.

Index

E

F

G

H

I

J

K

L

M

V

W

Z

conception
réalisation
mise en page
pca
44405 Rezé cedex

Dépôt légal : mars 2010
N° d'éditeur : 4010
IMPRIMÉ EN FRANCE

Achevé d'imprimer le 2 mars 2010
sur les presses de l'imprimerie « La Source d'Or »
63039 Clermont-Ferrand
Imprimeur n° 12551

*Dans le cadre de sa politique de développement durable,
La Source d'Or a été référencée IMPRIM'VERT®
par son organisme consulaire de tutelle.
Cet ouvrage est imprimé - pour l'intérieur -
sur papier offset « Amber Graphic » 110 g
provenant de la gestion durable des forêts,
des papeteries Arctic Paper, dont les usines ont obtenu
les certifications environnementales ISO 14001 et E.M.A.S.*